단순함의 즐거움

단순함의 즐거움
THE JOY OF LESS

쉽게 시작하는 미니멀리스트 가이드

프랜신 제이 지음 | 신예경 옮김

21세기북스

놓아주어라.
민들레를 부는 아이처럼,
단 한 번의 숨결에,
절묘한 가벼움과
헤아릴 수 없는 즐거움이 담겨 있다.

가진 물건이 적을수록 더 행복해질 거라는 말을 듣는다면 어떤 생각이 들까? 아마 당신은 정신 나간 소리쯤으로 치부할 것이다. 그렇지 않은가? 날마다 어디를 가든 그와 정반대의 메시지를 수없이 듣기 때문이다. 이걸 사면 더 예뻐질 거예요. 이걸 가지면 더 성공할 거예요. 이걸 얻으면 무한정 행복해질 거예요.

글쎄, 우리는 이미 여러 가지 물건을 구매해본 경험이 있다. 그들의 말처럼, 그럴 때마다 하늘을 둥둥 떠다니는 기분이 들었나? 실제로는 정반대의 기분이 들 때가 많다. 대부분의 물건, 그리고 그 물건이 건네는 공허한 약속은 우리 호주머니의 돈을, 인간관계의 마법 같은 힘을, 그리고 우리 삶의 기쁨을 서서히 빼앗아간다.

우선, '미니멀리즘'이라는 표현을 쉽게 설명해보자. 이 단어에서는 어딘가 사람을 움츠러들게 만드는 분위기가 풍겨와, 가구 세 점이 놓인 세련된 수백만 달러짜리 펜트하우스가 연상된다. 혹은 간소하고 멋진 인테리어에 단단한 콘크리트 바닥, 그리고 표면이 하얗게 빛나는 가구의 이미지가 떠오른다. 하나같이 절도 있고 고급스럽지만 감성이 빈곤한 듯한 모습이다. 그런 집이 아이들과 반려동물들, 취미들, 광고 우편물, 빨랫감이 가득한 우리 삶에서 대체 어떤 역할을 할 수 있을까?

대부분의 사람들은 '미니멀리즘'이라는 단어를 들으면 '비어 있다'는 생각을 한다. 안타깝게도 '비어 있다'는 말은 전혀 매력적이지 않다. 대체로 상실, 박탈, 결핍을 연상시킨다. 그렇다면 '비어 있다'는 말을 다른 각도로 보면 어떨까? 비어 있기 때문에 없어진 것만을 생각하지 말고 그로 인해 생겨난 것에 대해 생각해보자는 말이다. 한 마디로, 당신에게 '공간'이 생겼다. 공간이 생기면 누구든 더 많은 일을 할 수 있다. 옷장의 공간, 차고의 공간, 일정표의 공간, 생각하고 놀고 창조하며 가족들과 즐겁게 지낼 공간…… 이것이 바로 미니멀리즘의 장점이다.

그릇이 가장 가치 있는 순간은 비어 있을 때다. 커피 찌꺼기가 컵에 남아 있으면 신선한 커피를 즐기지 못하고, 시든 꽃들이 화병에 가득하면 활짝 핀 꽃들을 보기 좋게 꽂을 수가 없다. 이와 마찬가지로 우리의 일상을 담는 그릇인 집에 잡동사니가 넘쳐흐르면 영혼은 물건에 공간을 내주고 구석으로 밀려난다. 새로운 경험을 할 시간도 에너지도 공간도 없다. 몸과 마음이 무언가에 억눌린 듯 갑갑해서 팔다리를 쭉 뻗지도, 생각을 표현하지도 못할 것만 같다.

미니멀리스트가 되면 물건을 관리할 수 있다. 공간을 되찾고 집이 가진 본래의 잠재력과 기능을 회복시킨다. 그리고 주거 공간을 바람이 솔솔 통하며 삶의 본질을 잘 담아내는 그릇으로 재탄생시킨다. 이제 잡동사니의 독재로부터 독립을 선언한다. 당신은 분명한 해방감을 느낄 것이다!

그럼 어디서부터 시작하면 좋을까? 이 책은 생활의 정리정돈을 다루는 다른 책들과 과연 어떻게 다를까? 이 책은 대부분의 정리 책들과 달리 예쁜 그릇이나 수납 시스템을 마련해서 물건을 정리하라고 강요하지 않는다. 그보다는, 나중에 처분해야 할 물건이 많아지지 않도록 처음부터 관리할 수 있는 방법을 제안한다. 더구나 퀴즈 풀기, 체크리스트 만들기,

도표 그려 채우기 같은 걸 할 필요도 없다. 그런 일을 할 시간이 있는 사람이 몇이나 될까? 그리고 다른 사람들의 정리정돈 비법을 수십 가지씩 소개하지도 않는다. 이 책에서 초점을 둔 대상은 오직 당신이다.

가장 먼저 해야 할 일은 미니멀리스트의 마음가짐을 기르는 것이다. 미리부터 걱정할 필요는 없다. 그리 어렵지 않을 테니! 그리고 잡동사니 없는 삶의 보상과 혜택에 대해 생각해볼 것이다. 그러면 훗날 할머니의 오래된 그릇들을 처리할 때 적절한 동기를 찾아낼 수 있다. 우리는 물건의 원래 용도를 파악하는 법을 배우고, 딱 필요한 만큼의 물건만 갖추면 얼마나 자유롭게 살 수 있는지 깨달을 것이다. 이와 더불어 조금은 철학적인 시선을 통해, 최근에 주목받기 시작한 미니멀리즘이 어떻게 우리 삶을 풍성하게 하고 세상을 긍정적으로 변화시키는지도 곰곰이 생각해볼 것이다.

정리정돈은 다이어트와 비슷하다. 무작정 달려들어 칼로리를 계산하듯 물건의 수량을 헤아리고, 빠른 결과를 얻기 위해 쫄쫄 굶는 것처럼 덮어놓고 물건을 내다 버릴 수도 있다. 하지만 대개는 박탈감을 느끼고 폭식을 하게 되어 결국은 처음과 같은 신세가 되는 경우가 너무 많다. 그 대신, 우리는 태도와 습관을 변화시켜야 한다. 말하자면 고기와 감자로 구성된 식단을 지중해식 식단으로 바꿔보는 것이다. 미니멀리스트의 마음가짐을 기르면 지금 가지고 있는 물건과 앞으로 우리 삶에 들여올 물건을 결정하는 방법이 완전히 달라진다. 단기적인 해결책 대신, 새롭고 근사한 삶의 방식을 장기적으로 유지할 수 있다.

우리의 정신과 마음을 워밍업하고 나면 간소한 삶의 비법, 즉 잡동사니 없는 집을 만들고 관리하는 가장 효과적인 10가지 방법을 배울 것이다. 이 부분에서 즐거움이 시작된다! 우리는 모든 서랍, 모든 옷장, 모든 방을 새롭게 꾸미시 시작하고 물건 하나하나가 가정에 긍정적으로 기여하도록 만들 것이다. 모든 물건을 적절한 장소에 두고 물건 수를 꾸준히 줄여 앞으로 물건이 다시 쌓이지 않도록 시스템을 구축할 것이다. 이런 방식이 몸에 익으면 우리는 잡동사니를 영원히 물리칠 수 있다!

공간에 따라 정리하면서 느끼는 어려움은 제각각이다. 그러므로 방 하나하나를 차례로 살펴보며 보다 구체적인 문제 해결법을 탐구하기로 하자. 가장 먼저, 거실을 우리가 여가를 보내고 다양한 활동을 하는 유연하고 역동적인 공간으로 바꾼다. 그런 다음 침실로 넘어가, 과한 부분을 덜어내고 우리의 지친 영혼을 위한 평화로운 오아시스로 재단장할 것이다. 우리의 목표는 마음을 차분히 가라앉히고 활기를 되찾아주는, 잡동사니 없이 깨끗한 공간을 만드는 것이다.

대부분의 사람들이 터질 듯 꽉 찬 옷장으로 골머리를 앓고 있으므로, 한 파트를 할애해 옷장 문제를 다룰 생각이다(장담컨대, 지금 가진 옷의 일부만 남겨두어도 당신은 근사해보일 것이다). 그 다음에 제대로 발동이 걸리면 서류 관리에 뛰어들어, 물건이 집 안으로 유입되는 양을 완전히 줄일 것이다.

다음으로, 주방을 예리한 눈으로 살펴보자. 말끔한 조리대와 소박한 취사도구가 우리의 요리 솜씨를 얼마나 키워주는지 지켜보라. 그러고 나면 욕실에 가보자. 우선 욕실용품을 줄이고 날마다 몸을 씻고 꾸미는 순서를 간소화하면 최소한의 용품으로 멋진 모습을 가꿀 수 있다.

물론 지하실, 다락, 창고, 수납공간도 잊어버리면 안 된다. 물건들이 창고에 몰려가서 이 공간마저 어수선하게 만들면 잡동사니가 숨을 곳은 집 안 어디에도 없다. 어디 그뿐인가. 선물과 가보, 기념품도 처분해야 한다. 이 작은 소품들이 어떻게 우리 삶으로 슬그머니 들어왔는지 알아보고 창의적인 해결책을 몇 가지 고안할 것이다.

한 집에 사는 식구는 어떻게 할까? 집 안이 잡동사니로 어지러워진 데에는 가족들도 당연히 한몫했다. 그러므로 가족들의 물건 처리 방법을 연구해 그들도 대대적인 정리에 동참하게 만들 것이다. 아기용품이든 유아 장난감이든 아니면 10대의 잡동사니든 간에, 나이와 관계없이 두루 적용 가능한 조언을 제시하려 한다. 비록 그들은 달가워하지는 않겠지만, 당신의 배우자나 애인을 미니멀리스트의 길로 안내할 방법도 알려줄 생각이다.

마지막으로, 미니멀리스트가 되면 어떻게 우리가 더 훌륭한 시민이 되어 미래 세대를 위한 자원 보존에 이바지할 수 있는지도 탐구할 것이다. 우리가 구입하는 물건이 사람과 환경에 미치는 피해를 검토하고, 간소하고 단아한 생활이 얼마나 폭넓은 혜택을 안겨주는지 공부하면서 소비자의 선택이 미치는 진정한 영향력도 살펴볼 것이다. 무엇보다, 우리가 옷장의 공간을 줄이면 이 세상을 구하는 데 어떻게 도움이 되는지도 알아볼 참이다.

이제, 잡동사니를 완전히 쓸어버릴 준비가 되었는가? 그렇다면 책장을 넘겨 미니멀리스트의 철학을 맛보아라. 몇 분

뒤면 당신은 더 단순하고 간소하며 평온한 삶을 향한 여정에
나설 것이다.

CONTENTS

PART ONE
처음 시작하는 미니멀리스트의 자세

PART TWO
미니멀 라이프가 즐거워지는 10가지 기법

PART THREE
실전, 공간별 정리 원칙

PART FOUR
모두가 행복해지는 미니멀리즘

PART ONE

처음 시작하는 미니멀리스트의 자세

우리가 전투에 나서는 장군이라고, 아니면 중요한 경기에 나가는 운동
선수라고 상상해보라. 최고의 능력을 발휘하기 위해서는 눈앞의 도전에
대비해 정신 무장을 해야 한다. 이제 우리의 성공 비결인 미니멀리스트
의 마음가짐을 기를 때가 되었다.

PART ONE은 오로지 마음가짐에 관한 내용으로 이루어져 있다. 물건
을 통제하는 방법에 대해 배우기 전에 우리와 우리는 물건의 본질을 분
명히 파악하고 그 용도가 무엇인지 자세히 살핀 다음 그것이 우리 삶에
어떤 영향을 미치는지 검토할 것이다. 이 원칙들을 세우면 우리는 물건
을 집에서 더 쉽게 내보내고 현관 문턱을 넘어오는 물건들을 더 많이
막을 수 있다. 무엇보다, 물건이란 우리에게 도움이 되라고 존재하는 것
이지 그 반대가 아니라는 것을 깨달을 것이다.

1

대화로 시작하자

주변을 둘러보라. 당신의 눈앞에는 적어도 스무 가지 물건들이 쭉 늘어서 있을 것이다. 어떤 물건들인가? 어쩌다 그 자리에 놓이게 되었을까? 그 용도는 무엇일까?

우리가 손에 넣고 관리하고 보관하는 데 그토록 많은 시간과 에너지를 들이는 이 물건들의 정체는 무엇일까? 그리고 어쩌다 그렇게 많은 물건이 집 안에 놓여 있게 된 걸까(우리가 잠든 사이 물건이 번식하기라도 하는 걸까)?

일반적으로 우리가 가진 물건은 세 종류로 나뉜다. 쓸모 있는 물건, 예쁜 물건, 추억이 깃든 물건.

어떻게 처분할지 결정하기가 가장 쉬운, 쓸모 있는 물건부터 생각해보자. 쓸모 있는 물건들은 유용하고 기능적이어서 우리가 무언가 일을 끝내는 데 도움이 된다. 어떤 물건은 생존에 꼭 필요하고 또 어떤 물건은 우리 생활을 좀 더 편리하게 만들어준다. 우리가 생명을 유지하기 위해 실제로 필요한 물건은 의외로 적다. 소박한 쉼터에 체온을 조절해줄 옷, 물, 음식, 그릇 몇 개, 조리 기구 몇 개가 전부다.

가장 기본적인 생필품이 아니라면 생존에 꼭 필요한 물건이라 말할 수는 없지만 그래도 생활에 꽤 유용한 것들이 있다. 이를 테면 침대, 이불, 노트북 컴퓨터, 찻주전자, 빗, 펜, 스테이플러, 전등, 책, 접시, 포크, 소파, 전기 연장 코드, 망치, 드라이버, 거품기 등. 무슨 뜻인지 대충 이해가 될 것이다. 자주 손이 가고 진정으로 삶의 가치를 높여주는 물건이라면 무엇이든 미니멀리스트의 가정에서 환영받는다.

아참, 한 가지 기억해두자. 쓸모 있다고 분류되는 물건들은 반드시 실제로 사용하는 것이어야 한다. 이 부분이 흔히 간과되는 지점이다. 대다수의 가정에는 사용할 가능성은 있지만 실제로는 쓰지 않는 물건이 수두룩하다. 중복되는 물건들이 아주 좋은 예다. 찬장 안에 쌓인 플리스틱 밀폐용기들

중에 실제로 쓰는 게 얼마나 될까? 무선 드릴이 정말로 두 개나 필요할까? 그 외에도, 사용이나 관리가 너무 복잡해서 구석에 처박아둔 물건들도 있다. '만약을 대비해서' 혹은 '혹시 필요할까 봐' 서랍 뒤편에서 기회를 엿보며 데뷔할 날만 기다리는 물건들도 있다. 모두 집에서 쫓겨날 날이 얼마 남지 않은 물건들이다.

쓸모 있는 물건들과 섞인 것 중에, 실용적인 기능은 없지만 전혀 다른 의미에서 꼭 필요한 물건들이 있다. 간단히 말해, 감상하기 좋은 물건들이다. 유사 이래 우리 인간은 환경을 아름답게 꾸며야 한다는 강박감을 느끼며 살아왔다. 구석기 시대의 동굴 벽화부터 우리 집 소파 위에 걸린 그림에 이르기까지 모든 장식물이 그 증거다.

심미적 감상은 우리의 정체성을 나타내는 중요한 부분이며 반드시 인정해주어야 한다. 아름다운 꽃병이나 유려한 선이 돋보이는 모더니즘 의자를 눈을 반짝이며 감상하면 우리 영혼까지 적시는 깊은 만족감을 느낀다. 따라서 그런 물건들이 우리 삶의 한 부분을 차지하는 것은 너무도 당연하다. 한 가지 주의할 점은, 그런 물건들은 집 안의 눈에 띄는 장소에 놓고 떠받들고 귀하게 여겨야 한다. 제아무리 베네치아 무라

노 섬에서 온 유리 공예품이라 해도 선반 위에서 먼지만 쌓이거나, 설상가상으로 상자에 넣어 다락 위로 올라갔다면 알록달록한 잡동사니에 불과하다.

우리가 가진 물건은 세 가지 종류로 나뉜다.

쓸모 있는 물건, 예쁜 물건, 추억이 깃든 물건.

예술적인 가치가 있다는 이유로 무조건 보관하겠다고 결정해서는 안 된다. 어느 여름에 다녀온 공예품 전시회에서 마음을 빼앗긴 물건이라고 해서 거실의 벽난로 선반에 평생 모셔둘 가치가 있다는 뜻은 아니다. 반면에, 눈길이 닿을 때마다 환한 미소가 떠오른다거나 그 조화로운 모습에 삶의 아름다움을 더 깊이 이해하게 된다면 그 물건은 얼마든지 집 안에 있을 자격이 충분하다.

집 안의 모든 물건이 아름답거나 유용하다면 결정하기가 정말 쉬울 것이다. 하지만 정말 분명한 사실은 둘 중 어디에도 해당되지 않는 물건들을 무수히 마주치게 된다는 것이다. 그러면 그 물건들은 대체 어디에서 왔으며 도대체 왜 거기에 있는 걸까? 십중팔구 어떤 추억이나 정서적 애착이 있어서다. 할머니가 쓰시던 오래된 그릇, 아버지가 모은 동전들, 신혼여행에서 구입한 사롱(말레이시아나 인도네시아 등지에서 남녀 구분 없이 허리에 둘러 입는 민속의상—옮긴이). 그런 물건들은 특별히 중요한 사람들과 장소들, 사건들을 떠오르게 한다. 대개의 경우 선물과 가보, 기념품의 형태로 집에 들어온다.

다시 말해, 어떤 물건이 커다란 기쁨을 안겨준다면 뿌듯한 마음으로 진열하고 그 물건이 있다는 사실을 즐겨라. 반면, 일말의 의무감을 느끼거나(물려주신 도자기 찻잔을 버리면 이모가 무덤에서 벌떡 일어날까 걱정되어) 무언가를 경험했다는 증거로(그 조악한 머그잔을 내다 버리면 그랜드캐니언에 다녀왔다는 걸 아무도 믿지 않을까봐) 물건을 꼭 붙잡고 있는 거라면, 자신의 동기나 태도를 스스로 분석해보는 편이 좋겠다.

집 안을 걸어 다니며 물건들과 대화를 나누어보라. "내 삶에 어떻게 들어온 걸까?" "내가 샀을까? 아님, 누가 나한테 준 거니?" "내가 널 얼마나 자주 쓰니?" "없어지거나 부서지면 새 걸로 다시 사게 될까? 아니면 안심하게 될까?" "애초에 내가 정말로 원했을까?" 이 질문들에 솔직하게 대답하라.

이 질문들을 던지다 보면, 물건에 하위 카테고리가 존재한다는 걸 알게 될 것이다. 그중 하나는 '다른 물건의 물건'이다. 말하자면, 어떤 물건은 자연스레 다른 물건들을 늘어나게 만든다는 말이다. 액세서리, 설명서, 청소도구, 혹은 그 물건에 어울리고, 그 물건을 진열하고, 그 물건을 담아두며, 그 물건을 고치는 데 필요한 물건 등등. 이렇게 되면, 잡동사니를 한 무더기 버리게 될 가능성이 크다. 한 가지 물건을 버리면 내다 버릴 물건들이 꼬리에 꼬리를 물고 생겨나니까!

두 번째 하위 카테고리는 '다른 사람들의 물건'이다. 이 경우는 좀 까다롭다. (어린) 자녀의 물건은 예외일 수도 있지만, 다른 사람들의 물건을 당신 마음대로 처분할 권한은 거의 없다. 만약 오빠나 남동생이 지하실에 카약을 보관해달라고 부탁하고는 무려 15년 동안 찾아가지 않았다면 당신은 그 물건을 처분할 권한이 있다(물론, 전화를 걸어 당장 치워달라고 부탁하는 게 우선이다). 그러나 배우자가 쌓아둔 취미용품들이나 당신이 사춘기 시절 사용하던 낡은 비디오 게임을 처분할 때에는 좀 더 요령이 필요하다.

당장은 그냥 집 안을 어슬렁어슬렁 돌아다니면서 물건들을 잘 파악해두면 된다. 저건 쓸모가 있고, 저건 예쁘고, 저건 다른 사람 거네. 아직 치우지 못한 잡동사니는 걱정하지 마시길. 금세 정리하게 될 테니. 물론, 쓸모없거나 못생겼거나 정체불명의 물건을 만나거든 망설이지 말고 먼저 시작해라. 집에서 쫓아내라!

2

물건이 곧 당신 자신은 아니다

마케팅 전문가들이 심어준 믿음과는 반대로, 물건이 곧 당신 자신은 아니다. 사람은 사람이고 물건은 물건일 뿐이다. 잡지 한 면을 가득 채운 광고나 영리한 상업적 문구가 당신에게 무어라 이야기하든, 어떤 물리적 혹은 수학적 마력도 이 경계를 바꾸지는 못한다.

그럼에도 불구하고 우리는 종종 광고가 내세운 주장의 희생양이 된다. 그 덕분에 우리에게는 물건의 하위 카테고리가 하나 더 생겨난다. '야심찬 물건.' 다른 사람들에게 깊은 인상을 심어주거나 우리가 '상상의 자아'를 충족시키기 위해 구매하는 물건들이다. 몸무게 9킬로그램이 줄어들고, 세계 여행을 다니고, 칵테일 파티에 참석하며, 록 밴드로 활동하는 상상 속의 당신 말이다.

별로 인정하고 싶지 않겠지만, 특정한 이미지를 투영할 심산으로 구매한 물건들도 수두룩하다. 자동차를 예로 들어보자. A 지점에서 B 지점으로 데려다 주는 작은 차 한 대만 있으면 이동 수단에 대한 욕구가 쉽게 충족된다. 그러면 어째서 고급 차량을 구매하느라 두 배, 아니 심지어 세 배의 비용을 지불하려고 할까? 자동차 회사가 광고회사에 엄청난 돈을 지불하고는, '자동차란 우리 자신, 우리의 성격, 우리가 직장이나 사회에서 차지하는 위치가 투영된 것'이라고 확신시키기 때문이다.

물론, 이게 전부가 아니다. 소비재와 동일시하고 싶은 충동은 집을 고르는 것부터 집 안을 채우는 물건에 이르기까지, 우리의 삶 속에 깊이 들어와 있다. 대다수의 사람들은 자그마한 기본적인 주택이면 거처에 대한 욕구를 충족시키고도 남는다는 것에 동의할 것이다(특히, 개발도상국의 거처와 비교하면 더 말할 나위 없다). 그러나 야심찬 마케팅은 우리에게 개인 욕실이 딸린 커다란 안방, 자녀들 각자의 침실, 남성용 욕실과 여성용 욕실, 전문가 수준의 도구가 갖추어진 주방이 '필요하다'고 명령한다. 그런 것을 갖추지 못하면 우리는 아직 '성공하지' 못한 셈이다. 집의 평수가 지위의 상징이 되고 더 커진 집을 채우기 위해 자연스레 더 많은 소파와 의자, 테이블, 장식품을 비롯해 그 밖의 물건들이 필요해진다.

오늘날 같은 매스미디어 세상에서 미니멀리스트가 되기란 쉽지 않다. 광고 회사들은 물질적 재산이 성공의 척도라는 메시지를 끊임없이 쏟아 붓는다. 그들은 지위를 얻으려고 힘들게 고생하지 말고 돈으로 사면 훨씬 쉽다는 상술로 소비자를 현혹한다. "다다익선" "성공한 것처럼 행동하면 실제로 성공한다" "옷이 사람을 만든다" 등의 표현을 얼마나 많이 들어보았는가? 이런 표현들은 물건을 더 많이 가지면 더 행복해진다고 이야기한다. 실제로는 물건이 많아지면 머리가 더 아프고 빚만 늘어나는 경우가 많은데도 말이다. 어떤 물건이든 구매하면 누군가에게는 분명히 이득이 된다. 하지만 그게 우리는 아니다.

솔직히 말해, 어떤 상품도 우리를 다른 사람으로 만들어주지 못한다. 값비싼 화장품을 바른다고 우리가 슈퍼모델이 되지도, 근사한 가드닝 도구가 있다고 없던 원예 재능이 생기지도, 고급 카메라가 있다고 유명 사진작가로 변신하지도 않는다. 그런데도 우리는 더 행복하게, 더 예쁘게, 더 똑똑하게, 더 좋은 부모나 배우자가 되게, 더 사랑받게, 더 체계적이게, 더 유능하게 해주겠다고 약속하는 물건을 구매하고 간직해야 한다는 강박관념에 시달린다.

오늘날 같은 매스미디어 세상에서
미니멀리스트가 되기란 쉽지 않다

하지만 이렇게 생각해보라. 이 물건들이 처음에 한 약속을 아직 지키지 못했다면, 이제는 우리 손에서 떠나보낼 때가 된 것 아닐까?

이와 마찬가지로 소비재는 경험을 대신하지 않는다. 가족들과 좋은 시간을 보내길 원한다면 캠핑 장비, 스포츠용품, 물놀이 장난감으로 창고를 가득 채울 필요가 없다. 산더미 같은 뜨개실, 가득 쌓인 요리책, 몇 상자씩 되는 미술용품이 있다고 훌륭한 뜨개 솜씨, 전문가 수준의 요리 실력, 천재적인 창의성이 자동적으로 생겨나는 것은 아니다. 우리를 기쁘게 하고 개인적으로 성장시키는 데 극히 중요한 것은 물질이 아니라 활동 그 자체다.

또한 우리는 과거의 물건과 자신을 동일시하며 과거에 어떤 사람이었는지 혹은 어떤 성과를 올렸는지 입증하기 위해 어떤 물건을 끝끝내 버리지 못하기도 한다. 치어리더 유니폼, 학교나 팀 이름이 새겨진 스웨터, 수영 대회 트로피, 오랫동안 잊고 지낸 대학 수업에서 쓰던 공책을 여전히 가지고 있는 사람이 얼마나 많은가? 우리는 성취의 증거라는 말로 그런 물건들을 간직하는 것을 합리화한다(마치 우리가 미적분 과목에서 낙제하지 않았다는 걸 증명하기 위해 오래된 시험지를 들춰내는 것처럼). 하지만 이 항목들은 다른 사람에게 당신의 능력을 증명해주지 못한다.

자신이 가진 물건을 비판적인 눈길로 검토해보라. 우리 과거를 기념하고, 미래에 대한 희망을 대변하며, 상상의 자아에게 필요한 물건이 얼마나 많은지 알게 된다면 깜짝 놀랄 것이다. 안됐지만 이런 물건에 공간과 시간, 에너지를 너무 많이 바치면 우리는 현재를 살아가지 못한다.

기억과 꿈, 야망은 물건이 아니라 우리 내면에 담겨 있다는 걸 기억해야만 한다. 우리의 소유물, 우리의 행동, 우리의 생각, 우리가 사랑하는 사람이 곧 우리 자신은 아니다. 그러니 이제 좋아하지 않는 취미, 끝맺지 못한 일, 실현하지 못한 환상의 편린을 제거해 새롭고 진정한 가능성이 꽃피는 공간을 마련해보자. 야심이 담긴 물건들은 가상의 삶을 위한 소품에 지나지 않는다. 우리의 진정한 자아와 완전한 잠재력을 실현하는 데 필요한 시간과 에너지, 공간을 마련하기 위해 잡동사니는 말끔히 치울 필요가 있다.

3

사물이 늘어날수록 스트레스도 는다

물건 하나를 소유하는 데 삶의 에너지를 얼마나 많이 쏟아 부었는지 생각해보라. 물건을 손에 넣을 계획을 세우고, 관련 리뷰를 읽고, 가장 좋은 조건을 찾아보고, 구매할 돈을 벌고(혹은 빌리고), 가게에 가서 물건을 사고, 집으로 가져오고, 놓을 자리를 찾고, 사용법을 익히고, 물건을 닦고(또는 물건 주변을 닦고), 물건을 관리하고, 추가 부품을 구입하고, 보험에 가입하고, 물건을 보호하고, 망가지지 않게 조심하고, 망가지면 고치며, 심지어 물건을 처분한 뒤에도 가끔 돈을 지불한다. 여기다 집에 보유한 물건의 개수를 곱하라. 우리의 삶은 얼마나 고단한가!

우리가 가진 물건을 모두 잘 관리하는 건 아주 힘든 일이다. 사실, 산업계 전체가 발 벗고 나서서 우리가 물건을 위해 엄청난 시간과 노력을 투자하게 만든다. 기업들은 물건을 하나 만들면 그에 맞는 전문 청소용품까지 팔아 돈을 벌어들인다. 의류용 세제, 은제품 광택제, 가구용 왁스, 전자제품용 먼지 제거 스프레이, 가죽용 유연제 등. 보험회사는 자동차나 보석, 미술품이 손상되거나 도난당하지 않을까 하는 기대를 품고 번창한다. 자물쇠 제조업자, 경비업체, 금고 생산 업체들은 우리의 물건이 도둑맞지 않도록 지켜주겠다고 약속한다.

물건에 시간과 돈, 에너지를 온통 쏟아 붓고 나면 우리가 물건을 소유한 게 아니라 마치 물건이 우리를 소유한 듯한 기분이 들기 시작한다.

우리가 물건 때문에 얼마나 많은 스트레스를 받는지 좀 더 자세히 들여다보자. 어느 날 가게나 광고에서 어떤 물건을 발견하고는 그 물건 없이 지금껏 어떻게 살아왔는지 문득 상상이 가지 않을 때가 있다. '이웃사람도 가지고 있고, 언니도 선물로 받았으며, 직장 동료도 지난주에 샀는데 세상에, 그 물건이 없는 사람이 지금 나 혼자인 거야?' 상대적 박탈감이 불쑥 고개를 쳐든다.

그 다음에는 이 물건을 어떻게 손에 넣을까 고민하느라 스트레스를 받는다. 안타깝게도 우리에게는 그 물건을 선물해 줄 사람이 없으므로 직접 구매해야 한다. 여러 상점을 돌아다니며(아니면 각종 인터넷 쇼핑몰을 뒤져) 가격을 확인하고 혹여 세일에 들어가지 않을까 기대한다. 당장 구입할 형편이 전혀 안 된다는 건 알지만 지금 갖고 싶다. 그래서 현금을 탈탈 털거나 초과 근무를 하거나 신용카드로 구입하면서 나중에 대금을 낼 수 있기를 희망한다.

마침내 물건을 구매하는 영광스러운 날이 온다. 결국 나의 것이 되었다! 태양은 밝게 빛나고 새들은 노래하고 온갖 스트레스가 눈 녹듯 사라진다. 그렇지 않은가? 다시 한 번 생각해보자. 물건을 사느라 돈을 많이 썼으니 앞으로 세심한 관리가 필요하다. 새로운 물건만 손에 넣은 게 아니라 책임도 잔뜩 지게 되었다.

먼지와 더러움이 기능을 저해하고 수명을 줄일지도 모르므로 물건은 반드시 정기적으로 닦아주어야 한다. 아이들과 동물들이 건드리지 못하는 곳에 보관해야 한다. 우리가 직접 사용할 때에도 깨뜨리거나 망가뜨리거나 더럽히지 않도록 특별히 주의를 기울여야 한다. 듣다 보니 정말 말도 안 되는 일이 아닌가? 새 차를 산 뒤로 주차장 끝자리에 주차한 적이 몇 번인가? 긁히거나 움푹 파인 곳을 발견하고 하루를 망친 적이 몇 번인가? 값비싼 실크 블라우스에 토마토소스가 튀었을 때는 어떤 기분이 들었는가?

새로 산 물건이 어딘가 잘못되면(물건을 쓰다 보면 당연히 일어나는 일인데도) 우리는 어떻게 고칠까 생각하며 스트레스를 받는다. 조언을 구하려고 인터넷을 검색하거나 설명서를 자세히 들여다본다. 밖으로 나가서 수리에 필요한 적당한 도구나 교체품을 구입한다. 그래도 고치지 못하면 물건을 들고 수리점으로 간다. 아니면 어떻게 해야 할지(아니, 어떻게 하고 싶은지) 대책이 서지 않아 일처리를 미루기도 한다. 물건은 구석이나 옷장, 창고에 가만히 놓인 채 우리의 가슴을 짓누른다. 물건이 망가진 게 아니라 그저 싫증이 났을 수도 있다. 어떤 경우든 우리는 그 물건에 그토록 많은 시간과 돈을 쏟아 부은 데 죄책감이 들어 마음이 불편하다. 나중에 다른 광고를 보면 완전히 다른 물건에 마음을 빼앗긴다. 심지어 이번 물건은 저번보다 한결 더 흥미롭다.

  잠시 숨을 돌리고 우리가 청소년 시절에 얼마나 근심 걱정 없이 행복했는지 추억에 잠겨보자. 단순한 우연의 일치가 아니라, 그때가 물건을 가장 적게 가지고 있었던 시기일 것이다. 당시의 삶은 한결 단순했다. 담보 대출도, 자동차 할부금도, 보험에 들 모터보트도 없었으니까. 배우고 살아가며 즐겁게 지내는 것이 우리가 가진 물건보다 훨씬 더 중요했다. 세상에는 무한한 기회가 열려 있었고 무엇이든 가능했다! 이제 미니멀리스트가 되면 그런 기쁨을 다시 붙잡을 수 있다.

4

소유는 닻이 될 수도 있다

평생 한 번뿐일 근사한 기회가 찾아왔는데, 그 기회를 잡기 위해 대륙을 횡단해 멀리 떠나야 한다면 어떻게 하겠는가? 한껏 들떠서 계획을 세울 텐가? 아니면 집 안을 둘러보고 시간 안에 짐을 다 챙겨서 갈 수 있을지 걱정하겠는가? 짐을 수천 킬로미터나 옮겨갈 생각을 하니 절망스러운가(아니면, 말도 안 되는 제안이라고 생각하는가)?

물건은 닻이 될 수 있다. 우리를 얽매고 새로운 대상에 관심을 돌리거나 새로운 재능을 개발하지 못하게 한다. 인간관계와 직장에서의 성공, 가족끼리 보내는 시간을 방해하기도 한다. 우리의 에너지와 모험심을 고갈시킬 수도 있다. 손님을 맞기 어려울 정도로 잡동사니가 널려 있어서 초대를 미룬 적이 있었는가? 신용카드 대금을 갚기 위해 초과 근무를 하느라 아이의 축구 시합을 보지 못했는가? 집을 봐줄 사람이 아무도 없어서 외국에서 보낼 휴가를 포기했는가?

> 안타깝지만 서랍과 바구니, 상자에
>
> 물건을 꾹꾹 채워 넣어도
>
> 별 효과가 없다.

당신이 머무는 방 안의 물건들을 모두 둘러보아라. 각각의 물건, 하나하나의 제품을 당신 몸에 긴 밧줄로 꽁꽁 묶어 두었다고 상상하라. 어떤 물건은 팔에, 어떤 물건은 허리에, 어떤 물건은 다리에 묶여 있다(좀 더 극적인 장면을 원한다면 밧줄 대신 사슬을 상상하라). 이제 일어나서 움직여보자. 온갖 물건들이 당신 뒤쪽으로 매달려 질질 끌리며 쨍그랑 소리를 낸다. 움직이기가 그리 쉬워 보이지는 않는다. 어쩌면 그리 멀리 가거나 대단한 뭔가를 할 수는 없을 것이다. 얼마 지나지 않아 당신은 움직이기를 포기하고 그냥 제자리에 있는 편이 한결 쉽다고 생각할 것이다.

이 장면을 깨끗하고 환하며 가구가 많지 않은 방과 비교해보라. 그런 공간에서는 몸이 가볍고 자유로우며 무한한 가능성이 느껴진다. 물건들로 인해 부담감을 느끼지 않으면 우리는 활기가 넘치고 무엇이든 할 준비가 된 기분이 든다.

이럴 때면, 응급조치를 취해 잡동사니 없는 공간이라는 환상을 만들어내고픈 충동이 들기도 한다. 그냥 대형 마트에 얼른 들러 작은 용기들을 몇 개 집어 들고 당장 그 미니멀리스트의 방을 만드는 것이다. 안타깝지만 서랍과 바구니, 상자에 물건을 꾹꾹 채워 넣어도 별 효과가 없다. 멀리 감춰둔 물건조차(현관 벽장에 두든 지하실에 내려놓든, 아니면 동네 건너의 임대 창고에 맡기든) 우리 마음 한 구석에 남아 있다. 정신적으로 자유로워지기 위해서는 물건을 완전히 없애야 한다.

그밖에도 생각해볼 문제들이 있다. 물건은 우리의 물리적인 공간을 채우고 심리적인 압박감을 주는 것으로도 모자라는지 그 값을 치르느라 빚을 지게 해 우리를 경제적인 노예로 만든다. 더 이상 수중에 있지도, 사용하지도, 심지어 원하지도 않는 물건 값을 지불하기 위해 매일 아침 일어나서 좋아하지도 않는 일을 하러 무거운 몸을 이끌고 가는 것은 쉬운 일이 아니다. 그것 말고도 하고 싶은 일은 무수히 많이 떠오른다! 더욱이 물건을 사느라 월급을 탕진하고 나면, 미술 수업을 듣는다거나 한창 떠오르는 사업에 투자하는 등 보다 성취감이 큰 활동을 할 돈이 없다.

여행은 미니멀리스트의 생활이 얼마나 자유로운지 비유적으로 잘 표현해준다. 무거운 여행 가방을 두세 개 끌고 여행을 떠나는 것이 얼마나 힘든 일인지 생각해보라. 오랫동안 그 여행을 기대했기에 비행기에서 내리자마자 빨리 관광을 나가고 싶다. 그렇지만 서두르면 안 된다. 우선 가방이 수화물 컨베이어로 나올 때까지 기다리고 또 기다려야 한다. 그 다음에는 무거운 가방을 힘들여 끌며 공항을 걸어가야 한다. 그 짐을 끌고 지하철을 타기란 거의 불가능할 테니, 택시 승강장으로 가는 편이 좋을 듯하다. 그리고 곧장 관광에 나서겠다는 생각일랑 접어두시길. 이 엄청난 짐 덩어리를 두고 가야 하므로 반드시 호텔에 먼저 들러야 한다. 마침내 방에 도착하면 지쳐 쓰러지고 만다.

이와 반대로 미니멀리스트가 되면 민첩하게 움직일 수 있다. 가벼운 배낭 하나만 메고 여행하는 모습을 상상해보라. 틀림없이 아주 즐거운 경험일 것이다. 비행기가 목적지에 도착하면 당신은 비행기에서 내려 수화물을 기다리는 사람들 사이를 쌩 하고 지나간다. 그러고 나서 지하철이나 버스를 타도 되고 호텔 방향으로 걸어가도 된다. 가는 길에는 이국적인 도시의 풍광과 소리, 냄새를 맛볼 시간과 에너지가 충분하므로 이 모든 경험을 한껏 누린다. 당신은 새처럼 자유롭고 유연하며 활동적이어서 가방을 등에 메고 박물관이며 관광지며 어디든 돌아다니다 필요하면 가방을 보관함에 넣어두어도 된다.

물건에 매이지 않으면 삶을 향유할 수도, 다른 사람들과 관계를 맺을 수도, 공동체 활동에 참여할 수도 있다. 경험에 더 마음을 열어두고 기회를 포착하고 잘 활용할 줄 알게 된다. 육체적으로나 정신적으로나 질질 끌고 다녀야 할 짐이 적을수록 우리는 더 풍성한 삶을 누릴 수 있다.

5

———

모든 여행자는 미니멀리스트이다

선종에서는 행복해지고 싶거든 세속의 애착을 내려놓아야 한다고 가르친다. 하이쿠(일본의 전통 단시─옮긴이) 시인 마쓰오 바쇼는 '집이 불에 타서 재가 되자 달이 더욱 잘 보이더라'는 유명한 글을 남겼다. 그야말로 진정 물건의 애착에서 벗어난 사람이다!

그렇게 극단적인 경지에 도달할 필요는 없겠지만, 우리도 애착에서 벗어나는 태도를 기르는 것이 현명하다. 그런 태도를 기르면 집에서 잡동사니를 없애기가 한결 쉬워지고, 물건이 우리 손을 떠났을 때(가령 도둑을 맞거나 홍수와 화재, 각종 자연 재해가 일어났을 때) 느끼는 고통도 말할 나위 없이 적어진다.

따라서 이번 장에서는 물건의 지배력을 느슨하게 만드는 정신 훈련을 할 것이다. 목표를 달성하려면 앞으로 할 일에 대비해 기지개를 켜고 몸을 풀며 건강을 잘 가꾸어야 한다. 지금부터 미니멀리스트의 기초 체력을 다지고 물건과 결전을 치를 때 필요한 심리적인 힘과 유연성을 얻는 법에 대해 알아보자.

우선, 몸 풀기에 적합한 쉬운 것부터 해보자. 즉, 물건이 없는 삶을 상상해보자. 이건 아주 쉽다. 실제로 상상할 필요도 없다. 우리의 기억 속에 남아 있으니까.

대부분의 사람들은 더없이 행복하고 아무 걱정이 없던 청소년 시절을 되돌아본다. 아무리 코딱지만한 방에(때로는 두세 명과 함께) 살아도, 아무리 실소득이 없어도 상관없었다. 디자이너 브랜드의 옷이나 최고급 시계, 전자기계를 살 여유가 되지 않아도 괜찮았다. 작은 상자 몇 개에 다 들어갈 만한 짐밖에 없었고 자동차 수리며 주택 관리며 심지어 세탁소에 갈 일조차 걱정할 필요가 없었다. 얼마 되지 않는 물건마저 교우관계에 비하면 그리 중요하지 않았다.

그런 자유가 과거의 것이라고 생각하는가? 꼭 그렇지만은 않다. 우리는 대부분 1년에 한두 번씩 '물건 없는' 삶을 다시 살아볼 기회가 있다. 바로 휴가를 떠날 때다. 사실 '휴가'라는 단어의 어원은 '비어 있다'는 뜻의 라틴어 바카레vacare다. 그러니 우리가 이 모든 것에서 벗어나는 걸 좋아하는 것도 당연하다!

예컨대, 마지막으로 간 캠핑을 기억해보라. 당신은 생존과 편의에 필요한 것을 챙겨갔다. 겉모습에 요란스레 신경 쓰지 않았고 아주 기본적인 물건들만 가지고도 완벽하게 잘 지냈다. 캠핑 화로 위에 휴대용 프라이팬을 올려놓고 저녁을 만들었고 고작 접시와 컵, 포크만 가지고 식사를 잘 했다. 세상에서 가장 간단한 거처인 텐트에서 따뜻하고 포근하게 쉬었다. 최소한의 소지품이 당신의 필요와 조화를 이루어, 휴식을 취하고 자연을 벗 삼을 시간이 충분히 생겼던 것이다.

그러면 '실제' 생활로 되돌아갈 때 우리는 어째서 더 많은 것이 필요할까? 음, 사실은 필요 없다. 그것이 바로 미니멀리즘의 핵심이다. 우리는 주변에 널린 물건이 우리가 건강하고 행복해지기 위해 필요한 것이 아님을 깨닫게 된다.

긴장이 좀 풀어졌거든 이제 수준을 한 단계 끌어올려 해외로 이사간다고 가정해보자. 집 안의 물건들을 잘 살펴보고 정확히 무엇을 가져갈 것인지 결정하라. 오래되어 낡은 기타는 가져갈까? 취미로 수집한 도자기 동물 인형은 어떨까? 귀중한 화물 공간을 3년 전 크리스마스에 받은 그 흉측한 스웨터, 신은 지 15분 만에 발을 꽉 죄는 신발, 혹은 상속받았지만 전혀 좋아하지 않는 유화로 공간을 낭비할 셈인가? 당연히 안 된다!

이제 몸도 마음도 준비가 끝났으니 어려운 문제를 다루어보자. 한밤중에 당신은 귀청을 찢는 듯한 화재경보기 소리가 들려 잠에서 깬다. 연기가 자욱하다! 집 밖으로 탈출할 때 무엇을 챙겨갈지 결정할 시간은 고작 몇 분, 아니 몇 초밖에 없다.

누가 봐도 이 순간은 이성적으로 판단할 시간이 거의 없으므로 주로 본능에 의존해야 한다. 만약 시간이 있으면 중요한 서류 몇 가지와 가족 앨범, 아마 노트북 컴퓨터 정도를 챙길 법하다. 하지만 당신 자신과 가족, 반려동물과 무사히 탈출하기 위해서는 물건을 모조리 포기할 가능성이 더 크다. 그 순간 당신은 과거에 그토록 자신을 철저히 소진시킨 온갖 물건에 대해 눈곱만큼도 신경 쓰지 않을 것이다.

인생의 마지막 순간을 생각하기가 못내 싫겠지만, 우리가 이 세상에서 보내는 시간은 언젠가 끝이 나고, 때로는 안타깝게도 마지막 순간은 우리의 예상보다 일찍 오기도 한다. 우리가 죽고 나면 어떤 일이 벌어질까? 사람들이 우리 물건을 훑어볼 것이다.

좋든 싫든 우리가 남겨두고 가는 물건들은 유산의 일부가 될 테고, 누구도 넝마주이 혹은 쓸데없는 물건이나 모으던 사람으로 기억되고 싶지는 않을 것이다. 꼭 필요한 물건들과 몇 가지 특별한 물건들을 갖고 가볍고 우아하게 살다 간 사람으로 기억되는 편이 한결 좋지 않겠는가? 시간을 내서 머릿속으로 자신의 '재산' 목록을 작성해보자. 그 물건들은 당신에 대해 어떤 이야기를 들려주는가?

알았다. 더 이상 죽는다느니, 암울한 일이 벌어진다느니 하지 않겠다. 이 책은 행복한 이야기를 하려고 쓴 거니까. 핵심은, 일상적인 일에서 벗어나면(휴가를 간다거나 재해를 입는다거나) 물건의 의미를 올바로 이해할 줄 알게 된다는 거다.

6

엄격한 방어가 최선의 공격이다

영국의 작가이자 디자이너 윌리엄 모리스^{William Morris}는 내가 특히 좋아하는 미니멀리즘 명언을 남겼다. "쓸모가 있는지 잘 모르겠거나 예쁘다고 생각하지 않는 물건은 집에 하나도 두지 마라." 대단히 훌륭한 말이지만, 정확히 어떤 방법으로 실천할 수 있을까? 어쨌든 우리가 쓸모없거나 흉측한 물건을 일부러 집에 들이는 것은 아니니까. 별로 탐나지 않는 물건들이 어쩐 일인지 알아서 집 안으로 들어온 것뿐이다. 해결책은 훌륭한 문지기가 되는 것이다.

기본적인 원칙은 꽤 간단하다. 물건은 한두 가지 과정으로 우리 집에 들어온다. 우리가 사거나 다른 사람들에게 받은 것이다. 물건들이 피난처를 찾아서 우리가 보지 않는 틈에 집 안으로 슬쩍 들어온 것이 아니다. 안타깝게도 책임은 온전히 우리에게 있다. 우리가 물건을 집 안에 들인 것이다.

우리가 할 일이라고는 물건을 사기 전에
잠시 멈춰서 이렇게 생각하는 것뿐이다. "왜?"

우리에게는 우리가 구입하는 물건을 완벽하게 통제할 힘이 있다. 무언가가 카트 안으로 슬쩍 넘어올 때 방어 태세를 늦추지 마라. 어떤 물건이든 계산대에 올리기 전에 반드시 폭넓은 질문을 던져야 한다. 구입할 가능성이 있는 물건에게 다음 질문을 (머릿속으로) 던져보라. "너는 우리 집에 들어올 자격이 있을까?" "우리 가정에 어떤 가치를 더해줄 수 있을까?" "내 인생을 더 쉽게 만들어줄까?" "우리 집에 너를 들여놓을 공간이 있나?" "내가 너를 영원히 (아니면, 적어도 오랫동안) 간직하고 싶어 할까?" 마지막 질문 하나만으로도 나는 여행 기념품들을 가방에 잔뜩 챙기지 않고 집으로 돌아올 수 있었다.

그렇게 어려운 일은 아니다. 우리가 할 일이라고는 물건을 사기 전에 잠시 멈춰서 이렇게 생각하는 것뿐이다. "왜?" 하지만 우리가 갖겠다고 선택하지 않은, 아니 심지어 원하지도 않은 물건(선물, 경품, 판촉물!)은 어떻게 할까? 그런 물건들을 거절하는 것은 어렵기도 하거니와 자칫 무례한 행동이 될 수 있다. 하지만 그 물건들은 일단 집 안에 들이고 나면 쫓아내기가 훨씬 더 어렵다.

최선의 방어는 좋은 공격이다. 경품의 경우에 특히 더 그렇다. 경품을 정중하게 거절하는 법은 매우 귀중한 기술로, 당신이 생각하는 것보다 도움이 될 때가 훨씬 많다. 기업의 로고가 박힌 자석과 펜은 거절하고 대신 명함을 받아라. 쇼핑몰에서 나누어주는 화장품 샘플과 슈퍼마켓에서 나누어주는 세제 샘플을 거절하라. 그리고 어떤 일이 있더라도 호텔에서 제공하는 그 작은 로션과 샴푸를 제자리에 두고 나와라. 그 물건들을 정말로 사용할 생각이 아니라면 그 미니어처 잡동사니를 정리함에 쌓아두지 마라.

반면에 선물은 전혀 다른 작전이 필요하다. 일반적으로, 선물을 거절하는 건 있을 수 없는 일이다. 선물을 정중하게 받되 지나치게 고마워하지 않는 게 가장 좋은 듯하다(그렇게 하지 않으면 단언컨대 선물을 더 많이 받게 될 것이다). 또한 새로운 선물을 받지 말고, 이미 받았지만 원하지 않는 선물을 처분하는 데 엄청난 노력을 쏟아라. 이 까다로운 영역에 대해서는 뒤에서 자세히 탐구해보자.

좋은 문지기가 되기 위해서는 집을 창고가 아닌 성지라고 생각해야 한다. 당신이 우연히 마주치는 산재한 물건들 모두에게 집을 제공할 의무는 없다. 어떤 물건이 은밀하게 혹은 마술처럼 당신의 집에 들어오려고 하거든, 당신에게는 그 입장을 막을 힘이 있다는 것을 기억하라. 만약 그 물건이 당신의 삶을 더 편리하거나 아름답게 만들어주지 않는다면 이런 표지판을 내 걸어라. "죄송합니다. 빈자리가 없습니다." 단순한 거절의 의사를 미리 밝히면 앞으로 제거해야 할 잡동사니를 엄청 줄일 수 있다.

7

여백은 언제나 옳다

다음 인용구가 마음에 들었으면 좋겠다. 이번 장도 내가 좋아하는 표현으로 시작할 생각이니까. "음악은 음표 사이의 공간이다." 클로드 드뷔시Claude Debussy의 말을 나는 이렇게 해석한다. 아름다움을 온전히 감상하기 위해서는 어느 정도 여백이 필요하다. 그렇지 않으면, 혼란과 불협화음밖에 얻지 못한다. 이 책의 목적에 맞게 이 개념을 미니멀리즘 방식으로 살짝 바꿔서 이렇게 말하겠다. "삶은 물건 사이의 공간이다." 잡동사니가 너무 많으면 창의력이 짓눌리고 삶이 조화를 이루지 못한다. 거꾸로, 우리에게 공간이 많을수록 삶은 더욱 아름답고 조화로워진다.

공간이란 아무리 많아도 결코 충분해 보이지 않는 것이다. 공간이 부족하면 우리는 주변을 둘러보고 의아해한다. "공간이 죄다 어디로 가버린 거야?" 과거에는 공간이 더 넓었다는 사실을 기억하므로 공간이 사라진 건 걱정할 만한 일이다.

우리는 이사 온 첫 날 집의 모습을 즐거운 마음으로 기억하고 있다. 아, 그 찬연했던 공간이여! 그런데 대체 무슨 일이 일어난 걸까? 이제는 더 이상 우리의 기억만큼 인상적인 공간이 아니다. 그렇다고 원래의 공간이 어디론가 가버린 것은 아니다. 우리가 둔 바로 그 자리에 여전히 있다. 공간은 변화하지 않는다. 우리의 우선순위가 변했을 뿐이다. 물건에 너무 많은 신경을 쏟다 보니 공간에 대해 완전히 잊어버린 것이다. 우리는 이 두 가지가 상호 배타적이라는, 다시 말해 새로운 물건을 집에 들여놓을 때마다 공간이 조금씩 사라진다는 사실을 잊어버렸다. 문제는, 우리가 공간보다 물건을 더 소중히 여긴다는 것이다.

하지만 반가운 소식이 있다. 공간은 잃어버리기도 쉽지만 그만큼 되찾는 것도 쉽다. 물건을 하나 없앤 뒤에 살펴보라. 공간이 생겨난다! 얼마 지나지 않아 이 작은 공간들이 합

처져서 큰 공간이 생기고 우리는 다시금 그 사이를 돌아다닐 수 있게 된다.

공간은 잃어버리기도 쉽지만

그만큼 되찾는 것도 쉽다.

우리가 계속 마음에 담아두어야 할 것은(그리고 잊어버리기 너무 쉬운 것은) 우리가 소유할 수 있는 물건의 수량이 그 수용 공간의 크기에 제한을 받는다는 점이다. 아무리 빽빽이 채우든, 똘똘 뭉치든, 밀어 넣든, 잡아당기든, 공간의 크기는 변하지 않는다. 원한다면 진공 주머니에 물건을 넣고 봉해버려도 되지만 그 주머니도 어딘가에 보관해야만 한다. 그러므로 작은 아파트에 살고 있거나 벽장이 많지 않다면 집에 너무 많은 물건을 들여놓지 마라. 그게 정답이다.

100평짜리 집에 살고 있다고 해서 100평만큼의 물건을 가질 필요는 없다. 운이 좋아서 방안에 큰 벽장이 있다고 해서 구석구석 물건으로 채울 필요는 없다. 공간을 물건으로 가득 채우지 않으면 생활하고 숨쉬기가 한결 수월해질 것이다.

서론에서 용기의 가치와, 용기가 비어 있을 때 가장 큰 잠재력이 생긴다는 점에 대해서 이야기했다. 차 한 잔을 즐기고 싶다면 차를 따를 빈 컵이 필요하다. 음식을 만들고 싶다면 조리할 빈 냄비가 필요하다.

이와 마찬가지로, 집이란 우리의 생활을 담는 그릇이다. 휴식을 취하고, 창의력을 발휘하며, 가족들과 즐거운 시간을 보내고 싶다면, 그 활동을 할 빈 공간이 필요하다. 아니면, 집을 생활의 무대로 생각할 수도 있다. 최상의 연기를 펼치기 위해, 우리는 자유롭게 움직이며 느낌과 생각을 표현할 수 있어야 한다. 무대 소품에 걸려 넘어진다면 분명히 재미가 없을 것이다(게다가 우아하지도 않고).

우리는 아이디어와 생각을 위한 공간도 필요하다. 잡동사니로 가득 찬 방에 있으면 대개 머릿속에 잡다한 생각밖에 나지 않는다. 가령 소파에 앉아서 책을 읽거나 음악을 듣고 있다가 정말로 심오한 생각이 당신의 상상력을 자극한다고 하자. 어쩌면 인간의 본성에 대한 통찰력을 얻었을지도 모르고, 인생의 의미를 발견하기 직전일 수도 있다. 생각에 깊이 잠겨 인류의 신비를 푸는 동안 당신의 시선은 소파 앞 탁자에 놓인 잡지 더미나 구석에 놓인 세탁 바구니로 향하고 만다. 당신의 정신은 그 즉시 옆길로 새버려 좀 전에 몰두하던 생각을 잊어버리고 만다. 그와 더불어 위대한 철학자로서 당신이 후세에 남길 뻔한 유산도 사라진다.

사실, 공간의 가장 위대한 점은 정말로 특별한 물건과 사람에게 주목하도록 만든다는 것이다. 만약 아름다운 그림을 가지고 있다면 그 그림에 다른 장식을 잔뜩 덧붙이지 않을 것이다. 그림이 돋보이도록 공간을 마련해 단독으로 걸어두는 것만으로 충분하니 말이다.

집 안에 공간을 마련하면 우리는 마땅히 주의를 기울여야 할 대상, 다시 말해 소유물이 아니라 행동에 다시금 집중하게 된다. 인생은 너무 짧기에, 물건에 대한 지나친 관심으로 낭비해서는 안 된다.

8

소유하지 않고도 즐길 수 있다

누군가 당신에게 명화 〈모나리자^{Mona Lisa}〉를 건네면서 절대로 팔지 못한다는 조건을 내건다면 어떻게 하겠는가? 물론, 날마다 하루 종일 이 놀라운 그림을 감상할 기회도 생기지만 그와 동시에 인류의 가장 위대한 보물로 손꼽히는 명화를 지킬 막중한 책임도 갑자기 당신의 어깨를 짓누른다. 명화를 도둑맞지 않게 지키고, 먼지와 때를 제거하고, 햇빛이 들지 않게 하며, 최적의 온도와 습도에서 보관하는 것은 결코 사소한 임무가 아니다. 그림을 보고 싶어서 끝없이 찾아오는 예술 애호가들 또한 상대해야 할 것이다. 십중팔구, 명화를 소유하는 데서 오는 기쁨은 명화를 관리하고 유지해야 한다는 부담감으로 인해 손상될 것이다. 얼마 가지 않아, 모나리자의 신비로운 미소가 더 이상 매력적으로 보이지 않을 것이다.

현대 사회를 살아가는 우리는 어찌나 운이 좋은지, 인류의 수많은 걸작을 감상할 수 있지만 이를 굳이 직접 소유하거나 관리할 필요는 없다. 우리가 사는 도시는 예술과 문화, 오락의 놀라운 보고이므로 굳이 집 안에 그와 비슷한 모조품을 창조할 필요가 없다.

내가 이 교훈을 배운 것은 오래전 대학을 갓 졸업했을 때였다. 나는 학교에서 미술을 공부했고 현대 미술관에서 아르바이트를 했다. 수많은 전시회를 둘러보고 논문을 읽으며 훗날 훌륭한 미술품 감식가가 된 모습을 상상했다. 그러다 유명한 화가의 복제화를 손에 넣을 기회가 생겼을 때 얼른 그 기회를 잡았다. 그렇게 나는 미술품 수집가가 되어가고 있었다.

하지만 그림 가장자리에 매트(그림이 돋보이도록 그림과 액자 사이에 종이나 천으로 여백을 만든 것—옮긴이)를 두르고 적절한 액자를 끼워야 한다는 책임감이 느껴지고 그와 관련된 비용 문제가 대두되면서, 그림을 손에 넣었다는 즐거움은 조금씩 줄어들었다. 그 다음에는 전시할 장소를 선정하는 문제와 씨름해야만 했다. 자연히, 현대 미술 작품이 2차 대전 이전에 지어진 이 아파트에서 어떻게 보일 것인지는 염두에 두지도 않았다. 조명, 빛, 시선 같은 것도 고려하지 않았다. 결국은 그림을 벽난로 위에 놓아두었다. 그림과 낡은 벽타일이 서로 어울리지 않았지만 그림이 실내 장식의 중심이 되기를 원했다(어쨌거나 그림에 꽤 많은 돈을 투자했으니까).

일단 그림 문제를 해결하고 나자 마침내 느긋하게 앉아 보물을 감상할 수 있었다. 그러던 어느 날, 이 소중한 그림 한 가운데에 떡하니 앉아있는 작은 벌레를 발견했다. 세상에, 내가 얼마나 놀랐을지 상상이나 가는가? 벌레가 액자의 유리 밑으로 어떻게 들어갔는지는 짐작도 안 되었지만 그대로 내버려두는 수밖에 별 도리가 없었다.

그럼에도 불구하고 나는 그림을 자랑스레 전시했고, 이사를 갈 때는 조심스럽게 포장해서 가져갔다. 하지만 새 아파트의 임대 계약서에는 벽에 아무것도 걸지 못한다는 조항이 있어, 어쩔 수 없이 그림을 바닥 위에 놓아두었다. 몇 번 더 이사를 하고 나서는, 그림을 가져가서 전시할 자리를 찾아주고 싶은 열정이 확실히 줄어들었다. 결국 그림을 에어캡으로 잘 포장해서 벽장에 넣어두었고, 무려 5년 만에 마침내 팔아 버렸다. 그 뒤부터 그림은 박물관이 관리하도록 맡겨두겠다 고 결심하고는 여가 시간이 생길 때 박물관에 가서 감상하는 편을 택했다.

'소유하지 않고 즐기는' 방법을 찾는 것은 미니멀리스트의 집을 꾸미는 핵심 비법 중 하나다. 딱 맞는 사례가 어디 없 을까? 그래, 주방 찬장에서 먼지만 쌓여가는 카푸치노 머신 을 생각해보자. 아늑한 가정에서 거품이 잔뜩 올라간 따끈 한 커피를 만드는 것은 편리하고 다소 향락적인 삶처럼 보인 다. 그런데 사실 이 새로운 기계는 찬장 밖으로 꺼내면 설치 를 해야 하고, 커피를 뽑고 나면 청소를 해야 한다. 게다가 이 번거로운 과정의 대미를 장식하는 것은 커피 맛이 그다지 좋지 않다는 것이다. 더불어, 아무 때나 마실 수 있는 카푸치 노는 어쩐지 특별하지가 않다. 평소 집에서 바리스타 역할을 몇 번 하고 나면, 동네 커피숍에서 커피를 마시면서 그 분위 기에 흠뻑 젖는 편이 훨씬 더 즐겁다는 사실을 깨닫는다.

미니멀리스트의 생활방식을 추구할 때에는 우리의 거주 지 안에 외부 세계를 재창조하고 싶은 유혹을 반드시 떨쳐내야 한다. 홈시어터나 운동 기구를 설치하거나, 유명한 휴양지 스타일의 마당을 꾸미기 위해 장비를 사들여 관리하지 말고, 밖으로 나가서 달리기를 하거나 동네 공원이나 수영장으로 가라. 그렇게 하면 온갖 물건을 보관하고 관리해야 하는 부담 없이 이런 활동들을 즐길 수 있다.

미니멀리스트의 생활방식을 추구할 때에는
우리의 거주지 안에 외부 세계를 재창조하고 싶은
유혹을 반드시 떨쳐내야 한다.

만약 예쁜 물건을 사들이는 성향이 유난히 강하다면 쇼핑하는 동안은 '소유하지 않고 즐기기'를 모토로 삼아라. 작은 유리 조각상의 섬세함, 앤틱 팔찌의 금속세공술, 장인이 만든 화병의 생동감 넘치는 색상을 감상하라. 하지만 집으로 가져오지 말고 진열장 안에 내버려두라. 박물관 견학이라고 생각하면 된다. 나는 인터넷 서핑을 하면서도 마찬가지로 행동한다. 그림을 감상하기만 해도 작품을 소유할 때만큼의 만족감을 느낄 수 있다.

미니멀리스트가 되기 위한 원정에 나선 이상, 관심과 주의를 기울여야 하는 물건들을 줄여야 한다. 그리고 몇 가지 오락이나 활동은 공공 장소에서 즐기면 된다. 사실, 이 작업은 예기치 않은 즐거움을 안겨준다. 자신의 집에 공원과 박물관, 극장, 커피숍을 만들려고 애쓰는 대신, 실제로 그곳에서 시간을 보내는 편이 우리의 사교 생활과 시민 정신의 고양에 더 이롭다. 주위를 둘러싼 물건의 벽을 허물어뜨린다면 우리는 세상 속으로 나아가 더 신선하고 직접적이며 보람 있는 경험을 즐길 수 있다.

9

만족할 줄 아는 사람이 진짜 부자다

《도덕경》을 저술한 중국의 철학자 노자는 이렇게 말했다. "만족할 줄 아는 사람이 진짜 부자다."

만족하다, 적당하다, 혹은 알맞다는 말은 이해하기 힘든 개념이다. 어떤 사람에게는 만족스러운 것이 다른 사람에게는 너무 부족하기도 하고 또 다른 사람에게는 너무 넘치기도 한다. 대부분의 사람들은 기본적인 욕구를 충족시키기에 적당한 음식과 물, 옷, 쉼터가 있다는 데 동의할 것이다. 그리고 이 책의 독자들은 누구나 알맞은 만큼의 물건을 가지고 있다고 생각할 것이다. 그런데도 우리는 어째서 더 많이 사고, 또 갖고 싶은 충동을 여전히 느끼는 걸까?

'만족하다^{enough}'라는 단어를 조금 더 자세히 탐구해보자. 사전$^{dictionay.com}$에서는 이 단어를 '원하거나 필요한 것을 채우기에 부족함이 없는, 욕구를 채우거나 목적을 달성하기에 충분한'이라고 정의한다. 음, 여기서 문제가 발생한다. 욕구를 충족시킨 뒤에도 우리가 원하고 욕망하는 대상이 여전히 존재하기 때문이다. 만족의 기쁨을 느끼기 위해서는 그 상태에 집중할 필요가 있다. 이는 실제로 아주 간단한 일이다.

기본적인 욕구를 해결하고 나면
우리의 행복은 소유한 물건의 양과 거의 관계가 없다.

우리가 멀리 떨어진 곳에서 텔레비전이나 인터넷도 접하지 못하고 잡지나 신문도 구독하지 못한 채 살아간다고 상상해보자. 우리는 상대적으로 단순한 생활을 하겠지만 지금 가진 것에 완벽하게 만족할 것이다. 그러던 어느 날, 우리 집 옆에 한 가족이 더 큰 집을 짓고 더 많은 물건을 채워 넣는다. 갑자기 우리는 더 이상 '만족스럽게' 느끼지 못한다. 그 뒤로 더 많은 가족들이 이사를 와서 온갖 종류의 집들과 자동차, 물건들이 생겨난다. 맙소사, 그동안 우리는 무엇이 얼마나 부족한지도 깨닫지 못한 채 살아왔다! 위성이 연결되어 텔레비전을 보고 인터넷을 쓸 수 있게 되고 우리는 부유하고 유명한 사람들의 사치스러운 삶에 대해서도 어렴풋이 알게 된다. 우리가 소유한 물건들은 여전히 전과 다를 바 없다. 지금까지는 이 물건을 가지고도 충분히 만족했지만, 이제부터는 박탈감을 느끼지 않을 수 없다.

아이러니한 것은, 억만장자들조차 이 현상에 면역성이 없다는 것이다. 그들은 상대보다 더 큰 요트를 소유하려고 애쓰고 있다. 최고 수준의 부를 축적하더라도 물건에 대해 만족하지 못한다면 대체 무슨 소용인가?

기본적인 욕구가 해결되고 나면 우리의 행복은 얼마나 많은 물건을 소유하는가와 전혀 관계가 없다. 이 한계를 넘어서는 순간부터 물건을 더 소비하면서 느끼는 사소한 유용함이나 만족감은 급속히 줄어들고, 경제학자들이 '만족점satiation point'이라고 부르는 지점부터는 사실상 부정적인 감정으로 변한다(아마도 이런 이유에서 당신은 이 책을 읽고 있는지도 모른다). 바로 그런 이유로 '더 많이' 가져도 만족하지 못할 때가 많다. 따라서 남보다 한 발 앞서서 물건을 사는 행위는 야바

위 노름에 놀아나는 것이나 다름없다. 승자는 물건을 판매하는 회사들뿐이다. '물건을 더 많이' 소유하려는 행위에서 완전히 벗어날 수 있다면 우리는 더 행복하고 더 느긋하며 더 만족할 것이다.

만족할 줄 아는 태도를 기르면 미니멀리스트의 생활방식에 훨씬 더 도움이 된다. 만약 우리 삶에서 풍족함을 인정하고 가지고 있는 것에 감사한다면 '더 많은 것'을 원하지 않을 것이다. 다만 우리가 가지지 못한 것이 아닌, 지금 가지고 있는 것에 집중할 필요가 있다. 누군가와 비교하기 시작한다면 우리는 동네 수준이 아니라 전 세계를 둘러보아야 한다. 우리나라에서 더 유복한 사람들과 비교하면 박탈감을 느낄지도 모르지만 전 세계의 수많은 사람들과 비교하면 우리는 왕족처럼 살고 있는 셈이다.

나는 집에 욕실이 하나밖에 없다는 이유로 불만스러워하곤 했다. 볼일을 보고 싶은데 다른 사람이 샤워를 하고 있다면 얼마나 불편하겠는가! 그러다 어느 날, 피터 멘젤Peter Menzel의 《우리 집을 공개합니다Material World: A Global Family Portrait》라는 놀라운 책이 내 손에 들어왔다. 이 책은 전 세계의 '평균적인' 가정을 주제로 다루고 있으며, 표지를 장식한 주인공들은 전

재산을 집앞에 가지란히 늘어놓고 서 있는 사람들이었다. 만약 박탈감을 조금이라도 느껴본 적이 있다면 무조건 이 책을 펼쳐보라. 얼마나 적게 소유하고 사는 사람들이 세상에 존재하는지 알면 정말 깜짝 놀랄 것이다. 나는 어떤 지역에서는 실내 화장실을 갖추는 경우가 아주 드물다는 것을 알게 되었다. 그 덕분에 나의 상대적인 유복함을 새로운 관점으로 바라보게 되었고 화장실이 하나라도 있다는 게 얼마나 행운인지도 깨달았다.

우리의 처지가 이 세상에서 어느 수준인지 더 잘 이해하게 (그리고 유명인들이나 이웃들과 비교하지 않게) 되었으므로 한 가지 작은 실험을 하면서 '만족'에 대한 토론을 마무리 짓기로 하자. 아주 간단한 일이다. 당신에게 필요한 것이라고는 종이와 연필뿐이다(컴퓨터가 더 좋다면 그것도 괜찮다). 준비가 되었는가? 당신의 집을 철저히 살펴보고 지금 가지고 있는 물건의 목록을 작성하라. 개중에는 여기서 의심을 표출하는 사람들도 더러 있겠지만, 난 지금 장난하는 게 아니다. 책, 접시, 포크, 셔츠, 신발, 이불, 펜, 자질구레한 장신구를 하나도 빼놓지 말고 목록에 적어라. 너무 어려운가? 그러면 방 하나만 먼저 시도해보라. 여전히 못하겠는가? 그러면 서랍 하나만은 어떨까? 도저히 감당이 안 될 것이다. 그런데도 여전히 당신이 가진 물건이 충분하지 않다고 생각하는가?

10

남들도 단순하게 살아갈 수 있도록

마하트마 간디[Mahatma Gandhi]가 이렇게 말했다. "단순하게 살아라. 남들도 단순하게 살아갈 수 있도록." 알고 보면 이 말은 미니멀리스트의 가장 큰 동기인지도 모른다.

이제 사고의 범위를 전 세계로 넓혔으므로 이점에 대해서도 고려해보자. 우리는 70억이 넘는 사람들과 지구를 공유하고 있다. 우리의 공간과 자원은 한정되어 있다. 그렇다면 충분한 음식과 물, 땅, 에너지가 모두에게 돌아가도록 어떻게 보장할 수 있을까? 필요 이상으로 많이 사용하지 않으면 된다. 우리가 자원을 '추가로' 사용할 때마다 지금 혹은 장차 다른 누군가가 그 자원이 없이 살아가야 한다. 그 '추가' 자원은 우리의 건강과 행복에 크게 도움이 안 될지도 모르지만 다른 누군가에게는 생사의 문제일 수도 있다.

우리는 이 세상을 혼자 사는 게 아님을 깨달아야만 한다. 우리 행동의 결과가 전 세계에 물결처럼 번져나간다는 말이다. 다른 누군가가 갈증에 시달리고 있는데도 당신은 여전히 물을 틀어 놓고 양치질을 할 텐가? 세계적인 석유 부족 현상으로 빈곤과 혼란이 생겼다는 사실을 알면서도 여전히 연료 소비가 많은 대형차를 몰고 다닐 텐가? 삼림 파괴의 영향을 직접 목격하더라도 여전히 지나치게 큰 집을 지을 텐가? 자신의 생활방식이 미치는 영향을 이해한다면 우리는 보다 가볍게 살아갈지도 모른다.

우리가 소비자로서 내린 선택은 환경에 직접 영향을 미친다. 음식에서부터 텔레비전과 자동차에 이르기까지 우리가 구매하는 모든 물건은 지구의 자원을 조금이나마 축낸다. 물건을 만드는 데에도 에너지와 천연 자원이 들어가지만 물건을 처분하는 것도 걱정할 만한 일이다. 우리의 손자 손녀가 거대한 쓰레기 매립지 속에서 살아가기를 정말로 바라는가? 우리가 살아가는 데 필요한 물건이 적을수록 모든 사람들과 지구가 더 잘 살 것이다. 따라서 우리는 최대한 소비를 줄여야 하고 최소한의, 생분해성의, 혹은 재활용 가능한 물질로 만든 제품과 포장을 장려해야 한다.

우리가 구매한 물건은 다른 사람들에게도 영향을 미친다. 안타깝게도, 글로벌 아웃소싱으로 인해 제조업체는 노동력이 싸고 규제가 느슨한 장소로 옮겨갔다. 무언가를 구매할 때마다 우리는 어디에서 누가 그 물건을 만들었는지 고려해야 한다. 우리의 청바지 한 벌을 위해 지구 반대쪽에 있는 사람들이 부당하거나 위험하거나 비인도적인 노동 환경에서 고통받아서는 안 되며, 우리가 새로운 소파를 구입함으로 인해 대기나 수로가 오염되어서도 안 된다. 우리는 물건을 만드는 사람들의 생활과 공동체를 파괴하지 않고 풍요롭게 만들어주는 생산품을 찾아야 한다.

물론, 하나의 제품에 대한 적절한 정보를 모으는 데에도 여러 달이 걸릴 것이다. 다행히 우리는 이 문제에 대해 지역 상품 구매, 중고 제품 구매, 구매량 줄이기를 실천해 개인적인 소비 발자국consumer footprints을 최소화하는 등 우회적인 방법으로 접근할 수 있다.

지역 상품을 구매하면 도덕과 환경, 경제적인 면에서 커다란 도움이 된다. 첫째, 공정하고 인도적인 노동 환경 속에서 제품이 생산될 가능성이 커진다. 대로변에 위치한 점포 뒤에 노동자를 착취하는 공장이 있을 확률은 적다. 둘째, 장거리 수송이 없어져 막대한 에너지를 절약할 수 있다. 단 몇 미터 떨어진 곳에서 생산된 상품은 대단히 친환경적이다. 셋째, 우리와 같은 가치관을 가지고 지역 일자리를 창출하며 공동체에 투자하는 사업체를 지원하는 데 도움이 된다.

중고 물품을 구매하면 지구의 자원을 더 소모하지 않고도 우리가 필요한 물건을 손에 넣을 수 있다. 쇼핑몰에 가지 말고 중고 시장에서 가구, 기구, 가전제품, 옷, 책, 장난감 등을 구입하라. 인터넷 사이트와 생활정보지, 중고품 할인 매장은 누군가의 손을 한 번 탔지만 아직도 완벽하게 훌륭한 물건들을 찾을 수 있는 보고다. 어떤 물건의 두 번째, 혹은 서너 번째 소유주가 된다는 사실에 자부심을 가져라. 당신의 욕구를 충족시키면서 경제적으로 현명한 동시에 친환경적인 방법이니까.

마지막으로, 구매량 줄이기는 미니멀리스트 생활방식의 기초다. 꼭 필요한 물건으로 구매를 제한하는 것은 우리의 소비가 미치는 영향력을 억제하는 최선의 방법이다. 그렇게 함으로써 우리는 개인적으로 자원 고갈, 돈과 식품 등의 부족으로 인한 어려움, 낭비를 확실히 줄일 수 있다. 만약 스웨터나 신발이 더 필요하지 않다면 단지 패션을 위해 구입하지는 말자. 그 물건을 만드는 데 사용되는 자원, 그 물건이 만들어지는 공장, 전 세계로 그 물건을 운송하는 비용, 그리고 물건을 처분할 때 미치는 최종적인 영향에 대해 생각해보자.

한 가지 더 보태자면, 그런 철학은 우리가 다른 미니멀리즘 목표들을 달성하는 데 도움이 된다. 즉, 지구를 살리기 위해 소비를 줄여나간다면 우리의 가정은 깨끗하고 평온하며 잡동사니가 없는 공간이 될 것이다!

PART TWO

미니멀 라이프가 즐거워지는
10가지 기법

이제 미니멀리스트의 사고방식을 길렀으니, 우리의 새로운 태도를 행동으로 옮길 준비가 되었다. 이 장에서는 '스트림라인 기법'에 대해 간략히 설명할 것이다. 이는 우리 집에서 잡동사니를 없애고 그 상태를 계속 유지할 수 있는, 실패 없는 10가지 기법이다. 스트림라인STREAMLINE이라는 단어의 철자 하나하나는 정리정돈 과정의 각 단계를 나타낸다. 이들 방법을 모두 숙지하고 나면 우리의 정리정돈 작업은 한결 수월해질 것이다.

S 처음부터 다시 시작하기Start over

T 버릴 것, 소중한 것, 넘겨줄 것Trash, treasure, or transfer

R 존재의 이유 묻기Reason for each item

E 제자리 만들어주기Everything in its place

A 표면은 항상 깨끗이All surfaces clear

M 끼리끼리 정리하기Modules

L 공간에 맞는 한도 정하기Limits

I 하나가 들어오면 하나가 나간다If one comes in, one goes out

N 필수품만으로도 풍요롭게Narrow down

E 날마다 실천하기Everyday maintenance

11

처음부터 다시 시작하기

어떤 임무를 맡든, 가장 중요한 것은 시작 지점을 파악하는 일이다. 집 안을 이리저리 둘러보면 구석, 벽장, 서랍, 옷장, 식료품 저장실, 주방 조리대, 선반 등 그야말로 곳곳에 쌓여 있는 물건들이 눈에 들어온다. 어쩌면 지하실과 다락, 창고에도 물건이 숨겨져 있는지 모른다. 비록 눈에서 멀어졌다 해도 마음에서도 멀어진 것은 분명 아니다. 감당하기 버겁다는 기분이 들어도 절망하지 말라. 당신만 그런 것은 아니니까.

때로는 자연의 힘이나 극단적인 환경 같은 것이 우리 집을 깨끗이 정리정돈해줄 것처럼 보이기도 한다. 안됐지만 정리정돈은 순식간에 일어나지 않는다. 그보다는 우리가 천천히 신중하게 노력해야 하는 작업이다. 그래도 한 가지 반가운 소식은, 일단 리듬을 타기 시작하면 정리정돈 기술이 향상된다는 것이다.

작업을 시작하기 전에 우리가 지금 사는 주택이나 아파트에 이사 오던 날을 돌이켜보자. 우리는 빈 방을 걸어 다니며 이 공간에서 어떤 삶이 펼쳐질까 상상했다. 빈 공간이란 우리 각자의 특별한 손길을 새길 준비가 된, 아무것도 그리지 않아 텅 비어 잠재력이 가득한 아름다운 캔버스다!

하지만 우리는 지금까지 새로운 직장을 얻거나, 아이들의 등교 준비를 돕거나, 손님들을 재우거나, 집들이를 위해 공간을 단장해야만 했다. 일상에 가급적 방해가 되지 않도록 물건들을 빨리 치워야 했고 물건 각각이 가진 가치를 평가할 시간이 없었다.

지금이야말로 다시 시작할 더없이 좋은 기회다. 우리는 집을 싹 비우고 물건들을 죄다 앞마당에 내놓지는 않을 것이다. 다만 여유를 갖고 집 안의 공간별로 새로운 시작을 세심히 계획할 것이다. 방처럼 큰 공간이든 서랍처럼 작은 공간이든 한 번에 한 장소만 골라서 마치 이사 온 첫 날처럼 다시 시작할 것이다.

'처음부터 다시 시작하기'의 핵심은 정해진 장소에서 모든 물건을 다 꺼내는 것이다. 서랍이라면, 아래위로 뒤집어서 내용물을 쏟아내면 된다. 벽장이라면, 고리와 봉, 선반만 남을 때까지 물건을 비워낸다. 방 전체를 한 번에 해결하는 일은 조금 더 어렵다. 방에서 꺼내는 물건을 모두 놓아둘 다른 장소가 필요하기 때문이다. 옆방이 가장 편리하고 물건을 되돌려놓을 때 걷거나 계단을 올라가는 수고를 줄일 수 있다. 확신이 서지 않는 물건들을 방으로 다시 가져가는 게 얼마나 힘들까 생각해보면 된다.

지금 작업하는 공간을 완전히 비우는 것은 결코 대충할 수 없는 중요한 작업이다. 우리는 특정한 물건들을 특정한 장소에서 보는 데 너무나 익숙해진 나머지 마치 그 물건들이 그곳에 있어야 할 권리라도 있는 것처럼 여긴다.

물건 하나하나를 전부 꺼내지 않아도 된다. 때로는 평소에 어떤 자리에 있는 물건이 없어진 것을 보고 그 물건이 없으면 공간이 얼마나 근사한지 깨닫기만 해도 물건에 대한 당신의 관점이 완전히 달라진다. 당신의 기억 속에서 거실 구석에 항상 놓여 있었던 것 같은 고장 난 의자는 그 공간에 대한 권리를 주장하는 것처럼 보인다. 마치 가족의 일원인 것만 같아서 없애면 배신하는 기분마저 든다. 하지만 일단 뒷마당 으로 꺼내놓고 햇빛 아래에서 보면 갑자기 망가진 낡은 의자 에 불과해 보인다. 그 물건을 누가 집으로 가져가고 싶겠는 가? 특히 그 의자가 놓여 있던 구석 자리가 이제 너무도 깨 끗하고 넓어 보인다면…….

> 무엇을 버릴지 결정하기보다
> 무엇을 간직할지 결정한다면
> 작업이 확실히 더 쉬워진다.

잡동사니를 제거할 때 무엇을 버릴지 결정하기보다 무 엇을 간직할지 결정한다면, 작업은 확실히 더 쉬워진다. 바 로 그런 이유에서 '처음부터 다시 시작하기'는 대단히 효과 적이다. 당신은 진정으로 아끼고 필요로 하는 물건을 고르는 작업에 재미를 느낄 것이다.

미술관의 큐레이터는 텅 빈 갤러리에서 작업을 시작해 공 간을 아름답게 장식할 최고의 작품들을 선택한다. 다시 시작하기는 우리를 가정의 큐레이터로 만들어준다. 우리는 어떤 물건이 우리 삶의 가치를 향상시킬 것인지 결정하고 그 물건들만을 우리의 공간으로 되돌려놓을 것이다. 그러면 그 물건들은 당신에게 말할 것이다.

"당신은 기능적이거나 아름답다고 생각하는 물건들만 가지고 가볍고 우아하게 살고 있어."

12

버릴 것, 소중한 것, 넘겨줄 것

이제 물건을 밖으로 쏟아냈으니 자세히 살펴보고 어떻게 처분할지 결정해야 한다. 이 물건들은 세 가지 종류로 분류될 것이다. 버릴 것, 소중한 것, 넘겨줄 것. 우선, 크고 튼튼한 쓰레기봉투를 집어라.

여분의 상자도 손에 들고 있어라. 이 상자는 잠시 결정 보류라고 부를 것이다. 물건들을 자세히 살피다 보면 계속 보관하고 싶은지 확신할 수 없지만 아직 떠나보낼 마음의 준비가 안 된 물건들을 마주칠 것이다. 어쩌면 생각할 시간이 조금 더 필요한지도 모른다. 몇 가지 까다로운 물건들 때문에 경로를 벗어나거나 작업의 탄력이 떨어지기를 원하지는 않을 테니, 빨리 결정하기 어려운 물건은 잠시 여기다 넣어두어라. 나중에 다시 확인하고 분류하면 된다.

사실대로 말하면, 심지어 한 번 더 생각한 뒤에도 결정 보류 상자는 여전히 꽉 차 있을 가능성이 크다. 그런 경우, 상자를 봉하고 그 위에 날짜를 적어라. 그리고 지하실, 다락, 창고, 혹은 벽장 뒤편에 잠시 보관해두어라. 만약 6개월이나 1년이 지나도록 물건을 꺼내려고 상자를 열어본 적이 없었다면 좋아하는 자선 단체에 기증하라. 이 상자는 어려운 결정을 피하기 위한 변명이 아니라 최후의 수단으로만 이용되어야 한다. 핵심은, 반드시 보관하겠다고 확신하지 못하는 물건으로부터 공간을 구하는 것이다.

그러면 버릴 것부터 시작해보자. 버릴 품목에 속하는 것은 별로 고민할 필요가 없다. 음식 포장지, 얼룩지거나 찢어진 옷, 유통기한이 지난 화장품과 약품, 상한 음식, 잉크가 굳어 나오지 않는 펜, 지난 달력, 신문, 전단지와 팸플릿, 광고 우편물, 재활용할 수 없는 병과 용기, 고칠 수 없거나 고칠 가치가 없는 고장 난 물건들처럼 쓰레기가 확실한 것들은 모조리 버려라. 자선 단체에 기증하기 어려운 상태의 물건은 이 종류에 포함된다.

그리고 '버리라'는 말은 '가능하면 재활용하라'는 뜻임을 알고 있을 것이다. 물건을 쓰레기통에 던져버리는 일이야 쉽겠지만 환경을 항상 생각해야 한다. 그러므로 최대한 물건을 재활용하라. 대부분의 단체는 판지, 종이, 유리, 금속, 일부 플라스틱을 받아줄 것이다. 물론, 물건을 던져버리기 전에 혹여 쓸 사람이 있는지 생각해보라. 만약 쓸 사람이 있거든 넘겨줄 물건으로 분류하라. 비록 시간과 노력이 더 든다 해도, 물건을 쓰레기 매립지나 재활용 공장으로 보내는 것보다는 좋은 가정에 보내는 편이 언제나 낫다.

관대해져라!

사용하지도 좋아하지도 않는데 계속 집에 보관해온 물건이
다른 누군가에게는 커다란 기쁨이 될지도 모른다.

소중한 것으로 분류될 물건들은 앞으로 계속 보관할 것이므로 그 이름의 의미를 고스란히 담아내야 한다. 즉, 아름답기 때문이든 기능적이기 때문이든 당신이 진심으로 소중히 여기는 물건들이어야 한다. 만약 1년 동안 사용하지 않은 물

건이라면 소중한 품목으로 분류해서는 안 될 것이다. 당신보다 더 필요로 하는 사람에게 주는 것도 좋고, 물건과 작별하기가 너무 힘들거든 잠시 결정 보류 상자에 집어넣어도 괜찮다. 포인트는 사용하지 않는 물건 때문에 귀중한 공간을 허비하지 말아야 한다는 것이다. 그러니 그 물건들의 존재에서 진정한 즐거움을 느끼지 못한다면 가치에 합당한 관심을 받을 수 있는 새 가정으로 보내주어라.

마지막으로, 넘겨줄 것에 대해 이야기해보자. 당신에게는 더 이상 소용이 없지만 완벽하게 쓸 만한 물건들은 모두 여기에 포함된다. 그 물건들을 보내면서 죄책감을 느끼지 마라. 자유롭게 놓아주고 새로 출발할 기회를 주어라. 무엇보다, '언젠가 필요할지도 모른다'는 이유로 물건에 매달리고픈 충동에 저항하라. 아직까지 필요하지 않은 물건이라면 앞으로도 영원히 필요하지 않을 것이다. 어쩌다 필요한 상황이 생긴다 해도 심지어 그 물건을 찾을 수는 있겠는가? 그 물건이 쓸 수 있는 상태겠는가? 아니, 어쩌면 당신은 밖으로 뛰어나가 반짝이는 새 물건을 구매하지 않겠는가? 만약 쉽게 구하거나 대체할 수 있는 물건이라면, 결코 오지 않을 날을 계속 기다리느니 다른 사람이 사용하게 하는 편이 더 낫다.

분류 작업을 하면서 넘겨줄 품목을 기부할 것과 판매할 것으로 다시 세분하라. 관대하게 마음먹어라! 당신이 사용하지도 좋아하지도 않으면서 계속 집에 보관해온 물건이 다른 누군가에게는 커다란 기쁨이 될지도 모른다. 그 사람을 행복하게 만들어주고 자신을 칭찬하라. 당신이 좋은 일을 하고 있다는 것을 알면 물건과 작별하기가 한결 쉬워진다.

물건을 남에게 주는 데 몇 주씩 소비할 필요는 없다. 물건을 넘겨줄 가정을 찾을 시간이나 의향이 없거든 자선 단체에서 다양한 물건들을 받아줄 것이다. 구세군, 적십자, 각종 종교 단체, 노숙자 쉼터, 가정 폭력 보호소, 중고품 할인 매장, 노인복지관 등은 당신이 기증한 물건을 가장 필요로 하는 사람에게 나누어주는 체계가 잘 갖추어져 있다. 당신이 버린 물건은 당신이 속한 공동체에 큰 도움이 될 수 있다. 책은 지역 도서관에, 사무용품은 자녀가 다니는 학교에, 반려동물 용품은 동물 보호소에 기증하면 어떨까?

돈의 일부 혹은 전부를 돌려받으면 물건을 보내기가 훨씬 더 쉬워진다. 사실, 현금은 당신을 더 행복하게 만들어줄지도 모른다! 버릴 물건들의 양은 많은데 가치는 낮다면, 알뜰 시장을 열거나 위탁 판매점에 물건을 넘겨라. 더 독특하거나 수집할 만거나 가격이 비싼 물건들을 처분할 때에는 인터 넷으로 눈을 돌려라. 다양한 물건들을 온라인에서 판매할 수 있다.

물건 분류 작업을 시작해서 어느 물건을 어느 범주로 분류할지 알고 있으니 이제 물건을 정리할 수 있다. 정리하기로 마음먹은 서랍이나 벽장, 방에서 예리하게 집중력을 발휘하여 잡동사니를 제거하라. 즐겁게 작업하라. 경쾌한 음악을 틀어놓고 물건들 주변에서 춤을 추며 버릴 물건에게 작별의 키스를 하라! 물건을 범주에 맞게 모두 분류했으면 버릴 품목과 넘겨줄 품목은 이 집을 영원히 떠나가는 편도 승차권을 끊은 셈이다. 그리고 소중한 품목만을 가지고 살아가겠다는 목표가 점점 실현되어 간다.

13

존재의 이유 묻기

물건을 분류하던 손을 잠시 멈추고, 소중한 품목으로 분류된 물건들 하나하나에 질문을 던져보라. 아무 물건에나 무임승차권을 줄 수는 없으니까! 문지기 모자를 쓰고 물건별로 입장 면접을 보라. 당신의 가정에 발을 들여놓을 그럴 듯한 이유가 있는지 확인하라. 다시 말해 자주 사용하는지, 생활을 더 편리하게 하는 데 도움이 되는지, 아름답다고 생각하는지, 대체하기 어려울 법한지, 다양한 기능이 있는지, 시간 절약에 도움이 되는지, 소중한 유산의 일부인지 살펴보라. 반드시 당신의 가정에 들어와서 긍정적인 도움을 줄 것으로 판단되는 물건이어야만 한다.

당신의 가정에 머무를 자격은 충분하지만 이와 똑같거나 거의 비슷한 물건이 두 개 이상인 경우도 있다. 애초에 비슷한 물건들이 어떻게 집에 들어오게 되었을까? 어떤 것들은 선물로 받았을 테고 또 어떤 것들은 대체품이었을 가능성이 크다. 달리 말하면, 당신이 새 물건을 구입하고서도 예전 물건을 여전히 가지고 있었다는 뜻이다. 텔레비전을 새로 사놓고 기존의 텔레비전은 침실로 가져갔다거나, 탁자를 새로 사고 예전 탁자는 창고에 보관해두었거나, 신발을 새로 사고도 비 오는 날 신으려고 낡은 운동화를 남겨두는 식이다. 이제, 가장 좋은 것만 놔두고 나머지 잡동사니는 제거하라.

지금 가지고 있는 물건의 1/5만 있어도

우리는 충분히 잘 지낼 수 있으며

심지어 달라진 점도 거의 느끼지 못할 것이다.

이 밖에 중복되기 쉬운 물건들은 너무 많은 양을 한 번에 판매하는 것들이다. 우선 생각나는 것만 해도 클립, 고무 밴드, 머리핀 등이 있다. 게다가 펜과 단추, 안전핀 같은 물건들도 그 수가 제멋대로 늘어나는 것처럼 보인다. 남은 것들은 무조건 서랍 뒤편에 영원히 방치된다. 하지만 상황을 좀 바꿔보자. 아무리 생각해도 수천 개의 종이 클립이나 수백 개의 안전핀을 사용할 가능성이 없거든 적당량만 남겨두기로 하자. 딱 한 줌만 필요한데 무엇 때문에 한 양동이를 보관하겠는가?

중복되는 물건들을 해결했으면 남은 후보들을 꼼꼼히 살펴보자. 하나씩 생각하면서 그 용도가 무엇이며 사용 빈도가 얼마나 되는지 물어보라(이 두 가지 질문에 대답하기 어려운 물건이라면 소중한 물건으로 분류될 가능성은 전혀 없다). 과거에 사용한 적이 있었는가? 조만간 사용할 것이라 예상하는가? 당신의 생활을 한결 편리하거나 아름답거나 즐겁게 만들어주는가? 왜 그렇게 하는가? 관리하거나 세척하기가 어려운가? 그럴 경우, 노력을 기울일 가치가 있는가? 대체하기가 어렵거나 비용이 많이 드는가? 이사를 갈 때 가지고 가겠는가? 그 물건 없이 지내면 당신의 삶은 어떻게 달라지겠는가? 마지막으로 이렇게 질문해보라. 물건과, 그 물건이 차지한 공간 가운데 어느 쪽이 더 소중한가?

결정을 내리기 어렵다면 객관적인 친구에게 도움을 요청

하라. 당신이 그 물건을 가지고 있는 이유를 다른 사람에게 설명하는 것은 어려울 수도 있고 때로는 다소 창피하기도 하다! 단, 수집을 좋아하거나 감상적인 성향의 사람에게 도움을 구하지 마라. 당신이 거부한 물건 일부를 그 사람이 가져갈 것이 아니라면.

보물로 분류될 물건을 결정할 때에는 파레토 법칙(사회 전반에 나타나는 현상의 80퍼센트는 20퍼센트가 원인이 되어 발생한다는 법칙—옮긴이) 혹은 80 대 20의 원칙을 염두에 두어야 한다. 이 책의 맥락에서 보면, 우리는 소유한 물건의 20퍼센트를 80퍼센트의 빈도로 사용한다는 뜻이다. 즉, 지금 가지고 있는 물건의 1/5만 있어도 우리는 잘 지낼 수 있고 달라진 점도 거의 느끼지 못한다는 의미다. 우와! 생각했던 것보다 한결 쉬운 작업이겠는걸! 지금 가지고 있는 물건의 대부분을 거의 사용하지 않는다면 꼭 필요한 물건만 남도록 줄이는 데 아무 문제가 없어야 한다. 우리가 할 일이라고는 20퍼센트가 어떤 물건인지 확인하는 것뿐이고, 그것이 가능하다면 미니멀리스트가 거의 다 된 셈이다.

14

제자리 만들어주기

어떤 물건이든 제자리가 있는 법이니 물건은 모두 제자리에
두어라. 이 모토를 잘 기억해두었다가 종종 반복하고 큰 소
리로 말하며 잠자리에서도 읊조려라. 미니멀리스트의 가장
중요한 원칙 가운데 하나이기 때문이다. 당신이 소유한 물건
마다 정해진 자리가 있으면(서랍이나 찬장, 큰 상자가 가장 좋
다) 물건이 집 안을 이리저리 돌아다니다가 잡동사니가 되는
경우도 없고 물건을 쉽게 찾아낼 수 있다.

물건마다 하나씩 자리를 정해줄 때에는 당신이 그 물건을
사용하는 장소와 빈도를 고려해야 한다. 가장 크게 보면, 당

신의 집은 방으로 나누어진다. 그 다음으로 방들은 더 작은 영역으로 구성되어 있다. 예를 들어 주방은 세척하고 준비하고 식사하는 영역으로, 가족실은 텔레비전과 취미, 컴퓨터를 하는 영역으로 구성된다. 어떤 물건이 놓일 이상적인 장소는 어떤 영역에서 사용되는지, 얼마나 접근성이 좋아야 하는지에 따라 결정된다.

검토 중인 물건은 하루, 한 주, 한 달, 1년에 한 번씩 사용하는가 아니면 그보다 사용빈도가 더 낮은가? 어떤 대답을 하는가에 따라 이 물건이 중심 자리와 가장자리, 깊숙한 수납 자리 가운데 어디에 들어갈지 결정된다.

중심 자리는 칫솔, 노트북 컴퓨터, 속옷처럼 자주 사용하는 물건들을 쉽게 꺼낼 수 있게 보관하는 장소다. 이런 물건들은 몸을 구부리거나, 팔을 길게 뻗거나, 애를 쓰거나, 굳이 다른 물건을 치우지 않아도 쉽게 꺼내 사용하고 싶은 것들이다. 이런 자리에 놓아두면 찾아 쓰기도 한결 쉬울 뿐 아니라 제자리에 치우기도 쉽다. 파레토 법칙을 기억하는가? 중심 자리에는 소유한 물건 가운데, 사용빈도가 80퍼센트인 20퍼센트의 물건을 넣어두어야 한다.

가장자리는 물건을 꺼내기가 조금 더 어려우므로 사용빈

도가 다소 낮은 물건들을 넣어두는 곳이다. 비교적 높은 선반과 낮은 선반, 손이 잘 닿지 않는 벽장, 상부 정리함, 침대 밑이 여기 해당된다. 이 장소를 활용해 예비용 세면용품과 화장용품, 청소도구, 자주 입지 않는 의류, 포장지와 리본, 특수 냄비와 조리도구, 일상적으로 사용하지 않는 무수한 물건들을 보관하면 된다. 경험으로 터득한 좋은 법칙이 하나 있다. 일주일에 한 번 이하, 1년에 한 번 이상으로 사용하는 물건들은 가장자리가 제자리다.

깊숙한 수납 자리는 대체로 생활공간 밖에 위치하며 다락, 지하실, 창고 등이 여기에 해당된다. 여분의 부속품, 계절 장식품, 오래된 문서와 소득신고서를 비롯해 1년에 한 번도 채 사용하지 않는 나머지 물건들을 간수하는 곳이다. 하지만 깊숙한 자리라고 해서 당신의 집에 어울리지 않는 물건을 죄다 넣어두는 쓰레기통처럼 취급하면 곤란하다. 불필요한 물건이 없도록 깐깐하게 관리하기 바란다.

'제자리 만들어주기'라는 말은 장식용품에도 적용된다는 것을 명심하자. 자신에게 정말 특별한 물건이라면 적합한 장소를 찾아 잘 보이게 진열해두자. 장식용품의 핵심은 눈으로 볼 수 있다는 것이다. 그러므로 장식용품을 눈에 띄지 않게 보관하고 있다면, 그래도 간직하는 이유가 무엇인지 자문해 볼 필요가 있다.

일단 물건마다 모두 장소를 지정해주었다면 두 번째 부분도 잊지 말자. 물건을 쓰고 나면 항상 제자리에 돌려두는 것 말이다. 물건들을 하나같이 집 안 여기저기 늘어놓을 바에는 도대체 왜 자리를 정해놓겠는가? 바로 그런 이유에서 선반과 서랍, 상자에 어떤 물건이 담겼는지 라벨을 붙여두면 도움이 된다. 그러면 물건을 쓰고 나서 어느 자리에 두어야 하는지 누구나 정확히 알 테고, 타래송곳이 양말 서랍에 보관되거나 스테이플러가 제과제빵 용품들과 사이좋게 놓이는 경우가 줄어든다.

당신은 물론 가족들도 물건을 제자리에 치우는 습관을 길러야 한다. 말끔히 정돈된 집에는 잡동사니들이 숨을 장소가 거의 없다. 옷을 벗으면 바닥이나 의자에 대충 쌓아두지 말고 옷걸이에 걸어두거나 빨래 바구니에 넣어라. 향신료는 조리대 위에 남겨두지 말고 제자리에 돌려놓아라. 신발은 아무렇게나 벗어두지 말고 신발장 안에 가지런히 보관하라. 책은 책꽂이에, 잡지는 탁자 옆 선반에 놓아라. 자녀들에게도 다 놀고 나면 장난감을 집어서 제자리에 치우라고 권해라.

이 단순한 습관은 실천하는 데 몇 분밖에 걸리지 않지만 커다란 변화를 불러일으킨다. 잡동사니 한두 개가 거실에서 굴러다니게 내버려두면 하나씩 늘어나다가 얼마 지나지 않아 아예 잡동사니 파티가 열린다! 그러나 물건을 제자리에 꼬박꼬박 돌려놓으면 굴러다니는 물건들이 아무데나 정착할 일이 없다.

적당한 수납 공간이 부족한 독자들 가운데에는 아마 부당한 조언이라고 항변하는 사람들도 더러 있을 것이다. 보관할 공간이 충분하지 않은데 어떻게 물건을 모두 제자리에 두라고 요구할 수 있지? 그렇다고 절망할 필요는 없다. 물건을 넣어둘 공간이 많을수록 늘 필요한 것도 아닌 물건을 보관하는 경우도 많아지는 법이다. 보관할 공간이 충분하지 않은 경우, 기존의 약점이었던 것이 미니멀 라이프에는 장점으로 작용할 것이다. 공간이 적으면 미니멀리스트가 되는 지름길로 가는 셈이다.

15

표면은 항상 깨끗이

가구나 조리대 혹은 작업대의 반반한 표면은 잡동사니가 들러붙기 좋은 자석이다. 물건을 한 아름 안고 현관으로 걸어 들어가다 보면 가장 먼저 손에 닿는 표면 위에 반드시 내용물을 쏟아놓게 된다. 이 넓고 평평한 공간에 물건을 흩어놓고 싶은, 도저히 거부할 수 없는 유혹을 느끼게 한다. 중력이 당기는 듯한 느낌이 들 정도다.

집 안 곳곳의 표면을 살펴보라. 식탁 위에 접시, 은제 식기류, 화병이나 레이스 같은 장식품 이외에 다른 물건이 있는가? 소파 앞 커피 테이블에는 지금 먹고 있는 과자나 음료

수 이외에 다른 물건이 있는가? 소파 옆 엔드 테이블에는 책상 등이나 리모컨 이외에 다른 물건이 있는가? 침대는 어떤가? 오늘 밤에 사용할 이불, 담요, 베개만 올려놓았는가? 주방 조리대는 말끔하게 치워져서 다음 끼니를 만들 준비가 되었는가? 책상 위의 공간은 얼마만큼 남아 있는가?

자격을 제대로 갖춘 골수 미니멀리스트가(혹은 유난히 살림을 잘하는 주부가) 아직 되지 못했다면 지금쯤 어질러진 표면 문제로 씨름하고 있을 가능성이 크다.

표면은 물건 수납공간이 아니다.

당신은 대체 뭐가 그리 큰 문제냐고 반문할지도 모른다. 글쎄, 표면을 깨끗하게 치우지 않으면 다른 활동을 할 공간도 없다. 깨끗한 표면은 무한한 잠재력과 가능성으로 가득하다. 바로, 마법이 일어나는 장소다! 표면에 잡동사니가 가득할 때 우리가 하지 못하는 일에 대해 빠짐없이 생각해보자. 맛있는 저녁을 준비할 공간이 없고 가족들과 함께 앉아 즐거운 시간을 보낼 장소도 없다. 고지서를 처리하고 숙제를 하며 취미를 즐길 장소도 없다. 때로는 하루를 마무리하면서 누울 공간조차 없을지 모른다.

표면은 물건 수납공간이 아니다. 오히려 표면은 활동을 위한 공간이므로 특정한 활동을 하지 않을 때에는 언제나 깨끗해야 한다. 이 미니멀리즘 원칙을 실천하면 훌륭한 성과를 얻고 감동할 것이다. 집이 더 말끔하고 정돈되며 평온해 보일 뿐 아니라 확실히 더 유용하고 청소하기도 더 쉬워진다.

이런 결과를 얻기 위해서는 표면에 대한 생각을 바꾸어야 한다. 특히, 표면의 물리적인 특성을 다르게 상상해야 한다. 원래 표면은 흡인력이 강하다. 크고 평평해서 물건들의 안식처를 제공한다. 일단 물건이 표면에 자리를 잡으면 며칠, 몇 주, 심지어 몇 달 동안 그곳에 눌어붙는 경향이 크다. 때로는 너무 오랫동안 머물러 그곳에 있다는 사실조차 더 이상 알아차리지 못하기도 한다. 물건은 그렇게 풍경의 일부가 된다. 물건이 하나둘씩 늘어간다.

우리는 표면이 미끄럽다고 상상할 필요가 있다. 표면이 얼음처럼 반질반질하거나 아주 살짝 경사가 진다면 어떤 물건도 그 위에서 그리 오래 버틸 수 없다. 할 일은 제대로 처리하겠지만 남겨진 물건은 무엇이든 그대로 미끄러져 떨어질 것이다. 누군가 그런 마법의 미니멀리스트 조리대를 발명하기 전까지는 표면에 그런 기능이 있다고 가정해야 한다. 보다 정확히 말하면, '미끄러운' 표면에 올려두는 물건은 무엇이든 우리가 그 방을 떠날 때 함께 나가야 한다. 예를 들어, 커피 테이블 위에 컵, 엔드 테이블 위에 책, 혹은 식탁 위에 공예 도구를 올려두었다면 그 공간을 빠져나갈 때 모두 챙겨 가라.

다만, 특정한 표면이 '제자리'인 물건들은 예외로 한다. 이를 테면, 식탁 위의 꽃병이나 레이스 장식품과 촛대, 엔드 테이블 위의 독서등 같은 것이다. 이 특별 면제 대상에는 커피 테이블 위에 놓인 리모컨, 주방 조리대 위에 놓인 쿠키 단지, 침대 옆 협탁에 놓인 자명종도 포함된다. 하지만 그런 기능성 혹은 장식용 물건들을 탁자 위에 영원히 두겠다고 결정할 때에는 표면마다 물건 개수를 세 개로 제한해야 한다. 그렇게 하면 잡동사니가 모이지 않을 것이다.

마지막으로, 가장 넓은 표면인 방바닥도 절대 잊어서는 안 된다! 방바닥은 면적이 너무 넓기 때문에 깨끗이 관리하기가 특히 어렵다. 탁자와 옷장, 서랍이 가득 차거나 물건을 제자리에 치우고 싶지 않을 때 우리는 곧잘 물건을 바닥 위에 쌓아두곤 한다. 그 유혹에 넘어가지 마라! 바닥은 엄격한 경계

선이 없으므로 물건이 한 번 바닥에 놓이면 점차 늘어나고 늘어나며 또 늘어나는 경향이 있다. 나는 방 사이를 겨우 이동할 좁은 길 하나만 남겨두고 바닥이 완전히 물건으로 덮인 집에서 살아본 적이 있다. 그런 환경에서는 무언가 생산적인 활동은 고사하고 몸을 옴짝달싹하기도 어렵다. 발로 걷고 가구를 놓을 수 있도록 바닥을 아껴두고 어떤 물건도 그 위에 놓지 마라.

표면 위의 잡동사니를 제거하기 위해 지금껏 애썼으니, 이제 표면을 그 상태로 유지할 커다란 동기가 생겼다. 그 상태를 유지하는 가장 효과적인 방법은 표면을 세심히 살피는 습관을 기르는 것이다. 방을 나서거나 불을 끄기 전에 테이블과 조리대, 방바닥을 꼼꼼히 조사해라. 이 빠르고 손쉬운 활동은 당신의 가정이 잡동사니 없는 공간으로 유지되는 데 크게 도움이 된다.

16

끼리끼리 정리하기

이제 물건을 '모듈' 단위로 정리할 때가 되었다. 모듈의 개념은 컴퓨터의 시스템 설계에서 비롯되었다. 기본적으로, 모듈이란 복잡한 시스템을 구체적인 임무를 수행하는 더 작은 구성요소로 나눈다는 뜻이다. 예컨대, 컴퓨터 프로그램은 수백만 개의 명령command으로 구성된다. 명령들을 용이하게 관리하기 위해 프로그래머들은 이것들을 모듈로 정리하는데, 여기서 모듈이란 특정한 임무를 수행하는 여러 개의 명령어instruction가 모인 집합이다. 그렇게 하면, 명령들이 보다 효율적으로 '저장'되어 프로그램 내에서 쉽게 이동된다.

우리의 가정도 저장하고 파악해야 할 것이 많은 꽤 복잡한 시스템으로 구성되어 있다. 물건들을 보다 효율적으로 배열하면 가정에도 분명히 도움이 되므로 모듈의 개념을 받아들여 여기서 활용해보자. 정리정돈에서, 모듈은 특정한 기능을(예컨대, 고지서를 처리하거나 케이크를 장식하는 일) 수행하는 서로 관련된 항목들이 한데 모인 것이다. 모듈은 비슷한 기능을 수행하는 물건들을 통합하고, 여분의 것을 제거하며, 필요할 때 쉽게 꺼내 옮길 수 있도록 만들 필요가 있다. 간단히 말해, 비슷한 물건들을 한데 모아놓고 추려낸 뒤에 용기에 수납하는 것이다.

첫 번째 단계는 비슷한 물건들을 한데 모으는 것이다. 비슷하거나 관련이 있는 물건들을 한 곳에 놓아두자. DVD, 전기 연장 코드, 클립, 응급용품, DIY 재료, 철물, 사진, 향신료 등이다. 이만하면 어떤 개념인지 짐작이 갈 것이다. 물건을 한 곳에 모으면 필요할 때 찾아 쓰기가 한결 쉬워진다. 반창고가 필요할 때 욕실 정리함을 이 잡듯이 뒤질 필요 없이 응급용품 모듈로 곧장 가면 된다. 좋아하는 DVD를 보고 싶으면 선반을 탈탈 털고 침실을 일일이 뒤지고 소파 밑을 기어 다니며 찾을 필요가 없다. 당신이 찾는 작품은 DVD 모듈

안에서 당신을 얌전히 기다리고 있을 테니까. 집을 수리하려고 특정한 크기의 나사못을 찾아다닐 때에도 창고를 막연히 헤집어놓을 필요가 없다. 나사못이 속하는 철물 모듈로 곧장 가서 원하는 것을 꺼내면 된다.

무엇보다, 물건을 한데 모으면 당신이 얼마나 많은 물건을 가지고 있는지 확인할 수 있다. 볼펜 63개를 한 장소에 모아놓고 보면 볼펜을 새로 살 필요가 없다는 사실을 깨닫게 될 것이다. 귀고리 15쌍을 한 번에 마주하면 새 귀고리에 돈을 낭비할 필요가 없어진다. 이 기법은, 집 안 전체에 흩어져 있으면 걷잡을 수 없이 늘어날 것만 같은 공예 재료들을 조절하는 데 특히 잘 맞는다. 사실, 물건을 한 데 모아놓고 살펴보면 정신이 버쩍 들게 만드는 효과가 있다.

이제 당신 같은 신예 미니멀리스트가 손꼽아 기다리던 작업에 대해 살펴보자. 비슷한 물건들을 한 자리에 모았으면 선별 작업을 할 때가 되었다. 물건을 모으다 보면 수량이 지나치게 많은 물건을 틀림없이 발견할 것이다. 그 물건의 수를 줄여, 실제로 요즘 사용하는 것과 현실적으로 생각할 때 앞으로 사용할 것만 남겨두어라. 잡동사니 서랍에 처박힌 철끈, 젓가락, 성냥을 모두 요긴하게 사용할 사람은 거의 없으니, 그중 일부를 놓아주고 잃어버린 공간을 되찾아라.

마지막으로, 물건들을 한 자리에 모으고 선별 작업도 끝냈으면 이제 어딘가에 넣어야 할 차례다. 이렇게 하면 물건들이 집 안 곳곳에 또 다시 흩어질 일이 없다. 나는 열어보지 않아도 내용물이 훤히 들여다보이는 투명한 용기들을 선호하는 편이다. 불투명한 용기를 사용하고 있다면 내용물을 쉽게 식별할 수 있도록 라벨이나 색상 코드를 활용하기 바란다.

물건을 한데 모으면

당신이 얼마나 많은 물건을 가지고 있는지

확인할 수 있다.

용기를 사용해서 좋은 점은 이동하기 편리하다는 것이다. 가족들과 영화를 보면서 뜨개질을 계속하고 싶다고 가정해보자. 그럼, 그냥 뜨개질 모듈을 꺼내오면 모든 준비가 끝난다. 그리고 뜨개질이 끝나도 뜨개 도구를 탁자 위에 올려두고 싶은 유혹을 거의 느끼지 못할 것이다. 뜨개 도구를 용기에 도로 집어넣기만 하면 즉시 뒷정리가 끝나기 때문이다. 전용 사무 공간이 없다면 수표책, 계산기, 펜, 그리고 다른 비품들을 사무 모듈에 넣은 다음, 돈을 지불할 일이 생길 때마다 그 용기를 식당, 주방, 또는 다른 공간으로 들고 가면 된다. 자녀에게도 장난감과 책, 게임을 이렇게 정리하라고 가르쳐주어라. 그러면 저녁마다 반복되는 뒤치다꺼리가 줄어들 것이다.

물건을 상자에 담기 전에 잡동사니를 최대한 많이 제거하라. 우선, 꼭 필요한 것들만 남을 때까지 물건의 수를 줄여라. 그런 다음, 추려진 물건을 수납할 편리한 방법을 찾아보라. 미니멀리스트가 된다는 말은 단순히 우리 집을 깨끗이 정리정돈하는 것이 아니라, 그 수준을 한 차원 넘어선다는 의미다. 모듈을 만들면서 우리는 여분의 물건을 제거하고 억제하는 시스템을 세워 자신에게 딱 필요한 만큼의 물건만 가지도록 한 다음, 문자 그대로 그 위에 뚜껑을 덮어 더 이상 늘어나지 못하게 막는 것이다.

17

공간에 맞는 한도 정하기

미니멀리스트의 삶이란 우리가 가진 물건을 감독한다는 의미이며, 가장 효율적인 방법은 한도를 설정하는 것이다. 걱정할 필요는 없다. 물건에 한도를 설정하는 것이지 당신의 한계를 정한다는 뜻은 아니니까! 한도를 정해두면 당신이 물건보다 유리한 위치를 차지하는 데 도움이 되므로 더 많은 힘과 통제력, 공간이 생긴다. 한도는 당신에게 유리하게 작용하지 불리하게 작용하는 것이 아니다.

책을 예로 들어보자. 책은 우리가 구입해서 읽고 나면 여하튼 소장품 목록에 영원히 포함된다. 재미있게 읽었는지 아닌

지, 심지어 책장을 다시 펼칠 생각이 있는지 없는지도 관계없다. 때로는 우리가 읽었다는 사실을 증명하기 위해 두꺼운 학술서적을 보관하기도 한다. 이제부터는 소장용은 좋아하는 작품만으로 제한하고 여분의 책은 다시 유통시켜라. 즉, 지역 도서관에 기증하거나 친구와 가족들에게 넘겨라.

한도를 설정하면 무한정 늘어나는 공예와 취미 재료들을 다루는 데에도 도움이 된다. 구슬 공예, 뜨개질, 스크랩북, 모형 만들기, 목공예, 혹은 비누 만들기가 취미라면 재료의 양을 보관함 하나에 들어갈 만큼으로 제한하라. 이는 이미 시작한 프로젝트를 끝낼 큰 동기가 된다. 그리고 잡동사니를 줄이고 자신의 현실을 확인할 수도 있다. 공예 작업을 재료 수집만큼이나 좋아하는가? '네'라는 대답이 나온다면, 당신의 취미에 대해 다시 생각해보아야 한다. 반면에 '아니'라는 대답이 나온다면 아무 문제 없이 그 재료들을 다 사용할 수 있을 것이다.

한도는 모든 물건에 적용할 수 있고, 또 적용해야 한다. 즐거운 마음으로 물건의 한도를 설정하기 바란다. DVD는 정해진 선반에 딱 들어갈 만큼만, 스웨터는 정해진 서랍을 채울 만큼만, 화장품은 화장품 가방 하나에 들어갈 만큼만 남겨두어라. 신발과 양말, 초, 의자, 이불, 냄비, 도마, 수집품의 개수에 한도를 두어라. 구독하는 잡지와 탁자 위에 얹어둘 물건의 개수를 제한하라. 크리스마스나 핼러윈 장식품은 상자 하나에 담길 만큼으로, 스포츠용품은 창고 한 구석에 보관할 정도로 제한하라. 접시와 컵, 주방용품은 식구 수에 맞게, 정원용품은 마당에 꼭 필요한 물품으로 제한하라.

한도를 정하면 처음에는 답답하다는 생각이 들겠지만
얼마 지나지 않아 완전한 해방감을 느낄 것이다!

지난날을 돌이켜보면, 한도는 외부적인 요인으로 생겨났다. 가장 중요한 요인은 유형 재화의 가격과 입수 가능성이었다. 물건은 일반적으로 수제품이었고 가까운 지역 안에서 유통되었으므로 현대보다 더 부족하고 소득에 비해 값이 비쌌다. 백 년 전에는 여분의 물건은 고사하고 생필품을 확보하기도 힘들었던 만큼 미니멀리스트가 되기는 되레 쉬웠다. 지금은 동네 마트로 한달음에 달려가 내키는 것은 무엇이든 구입할 수 있다. 대량 생산과 글로벌 유통은 소비재를 값싸고, 널리 보급되어 손에 넣기 쉽게 만들었다. 물론, 생활이 편리해졌지만 좋은 것도 한두 번이지 너무 지나치다는 것을 대부분의 사람들이 알게 되었다. 우리의 소비를 자발적으로 제한하지 않으면 결국은 물건에 압도당하고 말 것이다!

한도를 설정하면 당신에게도 도움이 되지만 다른 식구들이 미니멀리즘 생활방식에 보다 친숙해지게 할 수도 있다. 가족들에게 할당된 공간에 딱 맞는 만큼의 물건만 가지고 있어야 하는, 그리고 물건의 분량 혹은 개수가 그보다 많아지면 반드시 줄여야 하는 이유를 설명하라. 어린 자녀의 장난감은 보관함 한두 개 분량으로, 십대 자녀의 의류는 자기 옷장에 들어갈 만큼으로 제한하라. 자녀는 이런 교육을 통해 큰 도움을 얻고 장래 인생을 위해 가치 있는 습관을 기르게 된다. 적어도, 한 사람이 소유한 물건은 각자의 방에 딱 맞는 수준으로 제한하라. 가령 자녀의 침실이나 놀이방, 아니면 배우자의 사무실이나 공예실 혹은 작업실에 맞추어야 한다. 그렇게 하면, 개인 물품이 가족 공동의 공간을 침범하지 않을 것이다.

물론, 개인이 소지하는 물건의 분량이나 개수를 궁극적으로 제한하는 요인은 집의 크기다. 미니멀리스트가 되면 당신은 언젠가 집을 줄일지도 모른다. 물건은 사용 가능한 공간을 다 잡아먹을 만큼 늘어나는 성질이 있다(이와 관련된 물리학 공식도 틀림없이 있을 것이다). 공간을 제한한다는 말은 물건과 잡동사니, 걱정, 스트레스가 줄어든다는 뜻이다. 더 이상 사용하지 않는 실내자전거는 작은 아파트라면 처분할 가능성이 크지만 규모가 더 큰 주택이라면 십중팔구 창고행일 것이다. 물건 은닉처가 작으면 보유할 수 있는 물건의 개수에 자연히 제약이 생겨 미니멀리즘 생활방식을 실천하기가 한결 더 쉬워진다.

한도를 정하면 처음에는 답답하다는 생각이 들겠지만 얼마 지나지 않아 완전한 해방감을 느낄 것이다! 사실, 한도를 정하는 게 얼마나 즐거운지 깨닫고 나면 마음이 동해 생활의 다른 부분에도 이를 적용하게 된다. 지출을 제한하면 신용카드 청구대금이 줄어들고 은행 계좌의 잔고가 늘어난다. 기름지고 달달한 가공 식품 섭취를 제한하면 허리둘레가 줄어들고 건강이 좋아진다. 가능성은 무제한이다!

18

하나가 들어오면 하나가 나간다

때때로 우리는 잡동사니를 몇 번이고 더 제거하려고 하지만 집을 둘러보면 전혀 진전이 보이지 않는다. 이 상황이 도저히 이해가 가지 않는다. 쓰레기봉투를 몇 개나 채워서 대문 앞에 내다 놓았고, 물건을 몇 가방이나 가득 챙겨서 자선 단체에 기증했으며, 물건을 몇 상자나 채워서 사촌에게 건네주었다. 그런데도 옷장과 서랍, 창고에는 전과 다름없이 물건이 가득 찬 것처럼 보인다. 열심히 노력하고 있으니 결과를 보고 싶은데, 도대체 뭐가 문제란 말인가?

당신의 집과 그 안에 채워진 모든 물건을 양동이에 담긴

물이라고 생각해보자. 잡동사니를 제거하는 일은 바닥에 구멍을 뚫는 것과 마찬가지여서 물이 한 방울씩 빠져나가면서 양동이가 천천히 비워지듯이 원치 않는 물건들을 제거해야 한다. 좋다. 뭔가 진전이 보이는 듯하다! 앞으로도 열심히 노력하다 보면 당신이 소유한 물건은 꾸준히 줄어들게 되어 있다.

여기서 주목할 점은 수위가 내려가기만을 바란다면 양동이 위로 더 이상 물을 붓지 말아야 한다는 것이다. 집 안으로 들어오는 물건은 하나같이 양동이 안으로 흘러들어간다. 그러므로 여전히 쇼핑을 다니고 물건을 사들이며 비즈니스 컨퍼런스에서 받은 경품을 집으로 가져오면 바닥에서 빠져나가는 물방울은 별다른 도움이 되지 않을 것이다. 양동이는 결코 비지 않고 도리어 흘러넘칠지도 모른다!

이 문제를 해결하려면 이 간단한 규칙을 지켜야 한다. '하나가 들어오면 하나가 나간다.' 새로운 물건이 집 안으로 들어올 때마다 그와 비슷한 물건이 집을 떠나가야 한다.

이 규칙은 비슷한 물건이 여러 개인 경우에 적용하면 가장 효과적이다. 새 셔츠가 옷장으로 들어오면 낡은 셔츠가 나간다. 새 책이 소장품 목록에 합류하면 낡은 책이 책장을 떠나

야 한다. 새 접시가 들어오면 낡은 접시가 나간다. 이런 판단
은 공정해야 한다. 새로 산 코트를 벌충하려고 양말을 버리
거나 사무용 의자를 새로 들이는 대신, 클립을 내보내는 식
의 계산법은 이 규칙에 맞지 않는다.

　새로운 물건을 구입하고도 마땅히 자리를 내주어야 할 물
건을 그대로 간직하는 경우는 비일비재하다. 일반적으로 상
황은 이렇게 진행된다. 우리 집에서 그다지 만족스럽지 않은
물건을 발견했다고 하자. 유행이 지났다거나 망가졌다거나
아니면 단순히 우리의 요구에 부응하지 않는 물건인지도 모
른다. 그러면 우리는 낡은 물건을 버리고 더 좋고 밝고 빛나
며 최신 기술을 탑재한 물건을 구하겠다는 간절한 마음으로
쇼핑에 나선다. 나름대로 조사도 하고 가격도 비교하고 상품
평도 읽어보고는 마침내 물건을 구매한다. 그러고 나면 뭔가
이상한 일이 벌어진다. 새로운 물건을 집으로 데려오면 낡은
물건이 그렇게 절망적으로 보이지 않는다. 그 물건은 사용
할 만큼 좋지는 않다고 생각했으면서도 버리자니 아직도 너
무 좋아 보인다. 그리고 그 물건이 필요할 만한 상황들을 모
두 상상하기 시작한다. 우리가 알아차리기도 전에 이 낡아빠
진 물건은 장차 쓸모가 생길 경우를 대비해 지하실이나 창고

에 느긋하게 자리를 잡는다.

새로운 물건이 집 안으로 들어올 때마다
그와 비슷한 물건이 집을 떠나야 한다.

하나가 들어오면 하나가 나간다는 전략은 당신이 쓰지 않기로 한 물건을 눈에 띄지 않는 곳에 보관하지 않고 집에서 내보내는 데 도움이 된다. 이 시스템은 마법처럼 이루어지는 것이 아니고 훈련을 통해 자리 잡는 것이다. 경험을 바탕으로 이야기하자면, 자신을 속이고 나중에 물건을 없애겠다며 약속하고 싶은 마음이 들기도 한다. 새로 산 스웨터를 입거나 새 전자기기를 사용하게 되어 기분이 너무 좋은 나머지 적절히 교환할 물품을 찾고 싶은 기분이 들지 않는다. 그럼에도 불구하고 미니멀리스트의 힘을 불러내서 '들어오는 물건'을 개봉하거나 걸어두거나 사용하기 전에 '나갈 물건'에 온 신경을 쏟아야 한다. 나갈 물건을 당장 내보내지 않으면 영원히 내보내지 못하기 때문이다. 심지어 나는 낡은 물건을 집 밖으로 내보낼 수 없어서 새로 산 물건들을 포장도 뜯지 않은 채 자동차 트렁크에 계속 보관한 적도 있었다.

정리정돈을 시작한 이상, 하나가 들어오면 하나가 나간다는 규칙은 훌륭한 응급조치가 되어준다. 당신이 가지고 있는 물건 개수의 한도를 정하고 당신이 올바른 방향으로 나아가도록 유도한다. 결정을 내리느라 고민하고 물건들을 내보낼 힘을 끌어 모아 마침내 물건 열 개를 내보내고 났더니, 그러는 사이에 새로운 물건이 열두 개나 늘어났다는 사실을 알게 되는 것보다 더 기운 꺾이는 일은 없다. 하지만 이 프로그램에 매달리기만 하면 그 순간에 가지고 있던 물건보다 더 많아지는 일은 결코 없다.

그보다는, 당신이 가지고 있는 물건을 계속 제거하다 보면 물건 개수나 분량이 뚜렷이 감소할 것이다. 물론, 물건을 더 많이 없앨수록 더 보람 있는 결과가 생기므로 다음 장에서는 잡동사니를 아주 조금씩 줄여나가는 전략에서 꾸준히 안정적으로 줄여나가는 방식으로 바꾸어보자.

19

필수품만으로도 풍요롭게

앞 장에서는 새로운 물건을 집으로 들이면 그와 비슷한 기존의 물건을 밖으로 내보내 소유한 물건의 개수를 꾸준히 유지하는 방법을 배웠다. 멋지다! 이제 한걸음 나아가면 두 걸음 물러서게 되지 않을까 걱정할 필요가 없다. 이 시스템이 자리를 잡으면 우리가 물건을 하나씩 제거할 때마다 미니멀리스트의 목표에 한층 더 가까워진다.

최소한의 생활필수품이란 사람에 따라 다르게 정의된다. 배에 거주하는 미니멀리스트라면 따뜻한 음식 한 그릇만 있으면 음식에 대한 욕구는 해결될 것이다. 그에 비해 모든 것이 갖춰진 주방을 두고 사는 우리 같은 사람들은 전자레인지, 피자 구이 판, 밥솥이 꼭 필요하다고 생각할지도 모른다. 더불어, 배에 사는 미니멀리스트가 필수품이라고 생각하는 스쿠버 장비는 우리 가정에서는 불필요한 물건일 가능성이 크다.

우리의 개인적인 필수품들은 나이, 성별, 직업, 취미, 기후, 문화, 가정, 동료와 같은 다양한 요인에 영향을 받아 결정된다. 전문 직업에 종사하는 미니멀리스트들은 수트와 구두를 사회 관습상 필요하다고 생각하는 반면, 재택근무를 하는 미니멀리스트들은 더 적은 의류로도 그럭저럭 잘 지낸다. 어린 자녀를 둔 부모의 필수품 목록은 혼자 사는 총각과 전혀 다르다. 책벌레들의 필수품은 스포츠광들과 전혀 다르고, 학생들의 필수품은 퇴직자들과 전혀 다르며, 남자의 필수품은 여자와 전혀 다를 것이다.

그러므로 어떤 미니멀리스트의 가정에도 어울리는 필수품 목록이란 존재하지 않는다. 중요한 것은 당신에게 너무 과하지 않고 딱 알맞은 만큼의 물건이 있느냐는 것이다. 다음 단계는 자기만의 필수품 목록을 작성한 다음 각자에게 맞는 '최적의' 수준으로 물건의 개수를 줄이는 것이다. 물건을 하나 선택할 때마다 우리는 잠시 멈추고 그 물건이 정말로 필요한지 혹은 그 물건이 없이 지내도 괜찮을지 생각해 보아야 한다. 비슷한 종류의 물건을 여러 개 가지고 있다면 여분의 물건을 당장 선별해야 한다. 사용하지 않는 물건을 한 상자 발견하거든 전부 다 내다 버릴지 진지하게 고민해야 한다.

> 자기만의 필수품 목록을 작성한 다음
>
> 그 목록에 맞춰 물건의 수를 줄여야 한다.

단순히 잡동사니를 제거하는 데 그치지 않고 보다 창의적인 방식으로 물건 줄이기를 할 수도 있다. 예를 들어, 한 가지 용도만 있는 물품 대신 다기능 물품을 선택하는 것이다. 침대 소파를 구입하면 손님용 침대를 별도로 마련할 필요가 없다. 스캐너 기능이 있는 프린터를 구입하면 사무 용품 한 가지를 줄일 수 있다. 스마트폰이 있으면 달력, 손목시계, 계산기, 다이어리를 비롯한 여러 가지 기능이 한 번에 해결된다. 우리의 목표는 최소한의 물품으로 최대한의 임무를 해내는 것이다.

같은 이유로, 특수한 용도가 아니라 다양한 용도로 활용할 수 있는 물건들을 애용해야 한다. 커다랗고 평평한 냄비 하나만 있으면 그릇장에 가득 찬 수많은 기능성 조리 기구와 같은 역할을 해낼 수 있다. 유행을 타지 않는 검은색 펌프스는 작업복과 정장에 두루 잘 어울리므로 신발장에서 두 가지 기능을 거뜬히 해낸다. 다목적 세제는 우리 집을 반짝반짝 윤이 나게 가꾸어주고 싱크대, 욕조, 거울, 조리대 등 각각의 용도에 맞게 구비된 여러 개의 스프레이 세제들을 대체할 수 있다.

하지만 우리가 즐거운 마음으로 물건 줄이기를 하다 문득 어떤 물건들을 마주치면 작업을 그 자리에서 멈추게 되는데, 대개는 감상적인 이유 때문이다. 추억이 깃든 물건들은 헤어지기가 어렵다. 하지만 걱정하지 마라. 우리 같은 미니멀리스트들은 이런 문제를 다루는 방법도 있으니까. 사랑하는 사람이 쓰던 물건을 잔뜩 물려받더라도 전부 간직해야 한다는 의무감을 느낄 필요는 없다. 특별한 물건 한두 가지만 있어도 전부 다 남겨두었을 때와 똑같이 추억이 보존될 것이다.

이 전략을 당신이 물려받은 소장품에도 그대로 적용해보자. 할머니에게 물려받은 12인용 식기 세트를 다락에 모조리 숨겨두지 말고 한 세트를 골라 잘 보이는 자리에 진열하자.

그렇지 않으면, 스냅사진을 찍어둔 다음에 물건들을 제거하자. 사진은 자리를 차지하지 않고도 추억을 고스란히 보존해준다. 게다가 창고에 보관해둔 물건보다는 한결 편하게 꺼낼 수 있으므로 더 쉽게 감상할 수 있다.

마지막으로, 디지털 형식으로 변환시켜 물건 개수를 줄일 수도 있다. 지금은 음악, 영화, 사진, 비디오게임, 책 같은 소장품 전체가 비트와 바이트로 축소될 수 있다. 미니멀리스트가 되기 참 좋은 시대다.

만약 미니멀리즘을 진심으로 받아들인다면 새로운 물건 줄이기 방법들을 스스로 계속 찾게 될 것이다. 창의적으로 생각하라. 더 적은 물건으로 더 많은 일을 하는 것을 개인적인 도전으로 간주하고 모든 가능성을 즐겁게 탐구하라. 물건 없이 어떤 일들을 할 수 있는지 알게 되면 아마 깜짝 놀랄 것이다!

20

날마다 실천하기

이제 여기서 그만두고 예전의 생활방식으로 다시 돌아갈 수는 없다. 절대 안 된다! 일상적인 관리를 통해 이 상태를 잘 이어나가보자.

미니멀리스트가 된다는 건 생활방식이 변화한다는 뜻이다. 어떤 제약도 없는 잡동사니 제거 기간을 갖고 우리가 가진 물건을 모조리 없애버리고 임무를 완수했다고 간주할 수는 없다. 그렇게 하면, 반동 효과가 발생해 새로운 잡동사니가 쌓이게 될 가능성이 있다. 그 대신, 우리는 근본적인 사고방식을 변화시키고(그런 이유로 우리는 그 모든 정신적 훈련을 했다) 새로운 습관을 기를(그런 이유로 우리는 스트림라인 기법을 배웠다) 필요가 있다. 미니멀리스트의 생활에 접근할 때에는 단 한 번의 행동이 아니라 대대적인 생활방식의 변화가 필요하다.

무엇보다, 방심하지 말고 우리 집으로 들어오는 물건을 주의 깊게 계속 지켜보는 것이 중요하다. 훌륭한 문지기가 되는 방법에 대해 논의한 내용을 기억하는가? 미니멀리즘 생활방식을 유지하기 위해서는 절대 경계태세를 늦추면 안 된다. 마음을 놓는 순간 물건들은 순식간에 통제 불능의 상태에 빠지고 만다.

때로는 공격적으로 행동하는 것도 괜찮다. 가령 우편물 수신을 거부하고, 잡지 구독을 취소하고, 선물 교환을 그만두며 당신이 미니멀리스트 생활방식을 추구한다는 사실을 널리 알리는 것이다. 마지막 방법은 당신의 생각보다 훨씬 더 중요하다. 호의적인 친구들과 친척들은 당신의 '텅 빈' 방을 보고는 물건이 부족하니 물건이 필요하겠다고 오해할지도 모르기 때문이다. 최선의 경우에는 원하지도 않는 선물들을 잔뜩 받게 될 테고, 최악의 경우에는 그들이 내버리는 잡동사니를 떠안을지도 모른다.

현관을 잘 감시하는 것 이외에도 잡동사니가 넘쳐나기 쉬운 지점들을 예리한 눈으로 살펴라. 알다시피, 잡동사니가 잡동사니를 낳는 법이다. 한동안 집에 머무르도록 내버려둔 물건은 이내 제 집인 양 편안히 지내다가 친구들을 초대한다. 아예 파티를 벌이지 못하도록 막아라! 잡동사니를 한 번에 상대하는 것보다는 반갑지 않은 손님 하나를 쫓아내기가 훨씬 더 쉽다. 사실, 잡동사니가 생길 기미가 처음 보일 때 곧장 조치를 취하지 않으면 당신의 레이더는 다소 둔해진다. 이렇게 한 번 생각해보자. 완벽하게 깨끗한 표면은 그 자리에 있으면 안 될 물건 하나가 얹힌 표면과 크게 다르다. 엉뚱하게 놓인 물건은 불쾌할 정도로 두드러져 보이는 법이다. 하지만 엉뚱한 물건이 하나 놓인 표면과 두 개 놓인 표면의 차이는 크게 두드러지지 않으며, 엉뚱한 물건이 두 개 놓인 표면과 세 개 놓인 표면의 차이는 그보다 더 눈에 띄지 않는다. 말하자면, 엉뚱한 물건의 개수와 눈에 거슬리는 정도는 반비례한다. 새로운 잡동사니가 쌓일 위험을 감수하느니 물건 하나를 발견하자마자 바로 치워버리는 것이 최선의 방법이다.

정리정돈을 하다 보면 다른 사람들의 잡동사니를 처리해야 할 경우가 종종 생긴다. 가장 좋은 선택은 물건을 적법한 주인에게 빨리 되돌려주는 것이다. 여동생이 이사를 하느라 당신의 지하실에 넣어두고 아직 찾아가지 않은 물건이나 친구가 당신의 식탁에 놔두고 간 공예 작업처럼, 함께 살지 않는 사람들의 물건이 있거든, 당신이 얼른 전화를 걸거나 이메일을 보내 집안을 정리 하는 중이라고 설명하면 그 사람들이 물건을 찾아갈 동기가 분명히 생길 것이다.

이는 잡동사니의 주인이 다른 식구일 때도 마찬가지다. 그런 경우, 물건을 주인의 개인 공간으로(가령, 그 사람의 침실이나 사무실) 돌려주기만 하면 된다. 핵심은 어떤 사람의 가정부 노릇을 하지 말고 부메랑 효과를 일으키라는 것이다. 그렇게 하면 가족의 공동 공간을 침범하는 물건은 무엇이든 주인에게 즉시 되돌려준다는 개념이 한층 강화된다. 운이 좋으면 식구들도 결국 당신의 뜻을 이해하고 물건을 공동 공간에 놓아두기 전에 한 번 더 생각할 것이다. 문제가 되는 잡동사니를 주인에게 지적하고 치우든 버리든 선택을 하라고 말하는 것도 상당히 효과가 좋다.

마지막으로, 정리정돈을 계속하라! 처음으로 집 안의 잡동사니를 대대적으로 처리한 것이 정리정돈의 전부이자 핵심은 아니며 그저 시작에 불과하다. 당신도 곧 깨닫겠지만, 미니멀리스트의 역량은 시간이 지나면서 점차 강화되며 첫 번째 잡동사니 제거 작업에서 살아남은 필수품들은 두 번째 작업에서 그렇게 필요한 것처럼 보이지 않을 것이다. 그런 이유에서, 주기적으로 잡동사니를 제거하라고 권하고 싶다. 첫 번째 작업을 하고 나서 몇 주 혹은 몇 달 뒤에 집 안을 한 번 더 살펴보라. 새로운 시각과 한층 노련한 관점으로 물건들을 검토할 수 있다. 그러는 사이에 당신은 미니멀리즘 생활방식의 즐거움과 자유를 느끼게 될 테고, 그 덕분에 의욕적이고 즐거운 마음으로 더 많은 물건들을 제거하게 된다. 잡동사니 제거 작업이 두 번, 세 번, 네 번, 혹은 열 번이나 스무 번째에는 얼마나 더 쉬워지는지 깨닫고 깜짝 놀랄 것이다.

쓸모 있는 물건들을 쓰레기장으로 보내지 않으려면 현관 옆 벽장 한쪽에 기부 상자를 놓아두어라. 버리고 싶은 물건을 하나둘 보태다가 상자가 가득 차거든 자선 단체에 기부하라.

그렇지 않으면, 기간을 정해두고 잡동사니 제거 목표를 세워라. 이를테면 일주일에 열 개 혹은 한 달에 백 개를 없애는 것이다. 당신의 발전 상황을 파악하고 의욕과 동기를 유지하기 위해 버리는 물건들을 장부에 기록하라. 무엇보다, 즐겁게 작업하는 것이 가장 중요하다! 미니멀리스트 생활의 가장 좋은 부분은 즉시 보상을 받는다는 점이다. 물건을 하나씩 버릴 때마다 당신의 짐이 곧장 가벼워진다. 이 작업을 매일 하면 기분이 근사해질 뿐 아니라, 왜 좀 더 일찍 시작하지 않았을까 하는 후회가 들 것이다.

PART THREE

실전, 공간별 정리 원칙

이제 신나는 부분에 접어들었다. 잡동사니 제거 기술을 실제로 써먹을 때가 된 것이다! 다음 장들에서는 스트림라인 기법을 공간마다 구체적으로 적용, 각 방에서 잡동사니 제거하기, 수납하기, 관리하기에 관한 방법들을 배울 것이다. 순서에 구애받지 말고, 마음에 드는 아무 방이나 먼저 시작해도 좋다. 가장 쉬운 방, 가장 어려운 방, 가장 작은 방, 가장 큰 방 등 출발점은 어디든 괜찮다. 차례대로 정돈하다 보면 공간이 넓어지고 평온함이 집 전체로 번져나갈 것이다. 자, 이제 소매를 걷어붙이고 본격적인 미니멀리스트로 변신해보자!

21

거실
: 손님의 시각에서 바라보라

이번 장에서는 거실을 중점적으로 다루어보자. 거실은 가족들이 모이고 방문한 손님들이 어울려 시간을 보내는 곳이다. 대부분의 가정에서 가장 큰 공간을 차지하며 가장 많은 활동이 이루어지는 곳이므로, 이곳을 정리하면 집 안 전체에 새로운 분위기를 조성할 수 있을 것이다.

하지만 작업을 시작하기에 앞서, 당신이 집을 떠나면 좋겠다(그렇다. 제대로 읽은 거다). 일어나서 밖으로 걸어 나와 문을 닫아라. 일단 밖으로 나와 머리를 맑게 하고 신선한 공기를 즐겨라. 당신이 집으로 되돌아갈 무렵이면 내가 마법의 미니멀리스트 슈퍼 파워로 집 안 전체의 잡동사니를 제거한 뒤일 것이다! 물론, 장난이다.

좋다. 이제 집 안으로 돌아가도 된다. 하지만 현관으로 걸어 들어가면서 그곳에 살지 않는다고 가정하라. 마치 손님인양 새로운 시각과 객관적인 관점을 가지고 들어가라. 이 집의 첫 인상은 어떤가? 눈에 보이는 모습이 마음에 드는가? 거실이 평온하고 마음을 끌어당겨 머물고 싶은 마음이 들 정도로 따듯하게 느껴지는가? 아니면 복잡하고 어질러져 있어 달아나고 싶은 기분이 들게 만드는가? 만약 이 모두가 당신의 물건이 아니라면, 그래도 한가운데에 앉아서 시간을 보내고 싶은 마음이 들겠는가?

새로운 시각으로 거실을 바라보는 이유는 우리가 어떤 장소에 익숙해지면 잡동사니들이 '보이지 않기' 때문이다. 만약 탁자 위에 잡지와 자질구레한 장신구, 공예 재료, 아이들 장난감이 몇 주나 몇 달, 아니 심지어 몇 년 동안 놓여 있었다면 우리는 그 풍경에 익숙해져 버린 것이다.

전체적인 모습을 평가한 뒤에는 방안의 물건들을 자세히 살펴보라. 가구, 장식용 쿠션, 소품들을 하나하나 유심히 검토하라. 이 물건들이 모두 유용하거나 아름다운가? 서로 조화를 이루고 적절한 자리에 놓여 있는가? 아니면, 벼룩시장을 연상시키는 풍경인가? 혹은 그보다 더 심해서 임대 창고 내부처럼 보이는가? 거실 안의 물건들을 모두 앞마당 위에 쏟아놓으면 전부 안으로 다시 들여놓고 싶은가?

분류 및 정리

당신의 거실은 상당히 많은 물건이 놓여 있으니, 성공적으로 작업을 시작할 좋은 기회다. 필요 없거나 마음에 들지 않는 가구 한 점만 없애도 커다란 영향을 미칠 수 있으며, 더 작은 물건들을 묵묵히 정리해갈 놀라운 의욕을 불어넣어 준다. 닳아빠진 의자나 관심이 가지 않는 탁자는 물건으로 꽉 막힌 싱크대의 커다란 마개와 마찬가지다. 이 마개를 뽑아내면 잡동사니가 뻥하고 시원하게 빠져나갈 길이 터진다.

그러므로 커다란 물건에 가장 먼저 집중하자. 모든 가구를 자주 사용하는가, 아니면 "늘 거기에 있었으니까"라는 구실이 전부인 가구들도 있는가? 당신과 식구들이 거실을 어떻게 사용하고 있는지 생각해보라. 소파나 바닥에 옹기종기 모이는가? 가족 중 누구라도 구석에 있는 의자에 한 번이라도 앉는가? 가구 몇 점이 줄어들면 빈둥거리기, 게임하기, 모여서 영화보기 같은 활동을 할 공간이 더 확보될 것 같은가?

여전히 망설여지거든

며칠 동안만 밖으로 내보내라.

어떤 일이 있어도, 소유하는 게 당연시 된다는 이유만으로 특정한 물건들을 소유해야 한다는 의무감을 느껴서는 안 된다. 중요한 물건을 쫓아내고 싶은 대상으로 정하기는 했지만 여전히 조금 망설여지거든 며칠 동안만 밖으로 내보내라. 잠시 동안 지하실이나 다락에 넣어놓고 혹시 그 물건을 아쉬워하는 사람이 있는지 살펴보라. 때로는 물건 하나를 눈에 띄지 않게 치우기만 해도 그 물건에 대해 더 균형 잡힌 판단을 내릴 수 있고 물건이 기존의 장소를 떠나고 나면 그 물건에 형성된 유대감을 끊어내기도 쉬워진다.

커다란 물건들을 다루고 나면 이제 비교적 작은 물건들로 옮겨갈 때가 되었다. 당신의 거실 상태에 따라서 작은 물건들이 꽤 많을 수도 있다. 가장 좋은 작업 방식은 선반별, 서랍별로 수북이 쌓인 짐을 하나씩 검토하는 것이다. 그냥 내용물을 비우거나 쏟아낸 뒤에 버릴 것, 소중한 것, 넘겨줄 것으로 분류하면 된다. 무엇보다 서둘러 처리하지 않는 것이 가장 중요하다. 마지막 서랍까지 검토하고 분류하는 데 몇 주, 아니 몇 달이 걸리더라도 천천히 철저하게 작업하라. 주의를 많이 기울이면 결국은 훨씬 큰 만족을 얻게 된다.

거실에서 아무 기능이 없는 물건을 완전히 제거하라. 선반, 벽난로 위, 콘솔, 보조 탁자를 가리지 말고 그 위의 장식품을 모조리 쓸어내라. 꺼낸 물건은 상자에 넣어 멀리 치운 다음 일주일 동안 그 물건들 없이 살아보자. 때로는 별 상관없는 물건들이 우리가 미처 깨닫지도 못하는 사이에 공간이 주는 즐거움을 누리지 못하게 방해하기도 한다. 그 물건들이 사라지고 나면 비로소 우리는 안도감을 느낀다. 마침내 팔다리를 쭉 뻗고 돌아다닐 수 있는 공간이 생긴 것만 같다(아무것도 부딪히거나 깨뜨리지 않고 말이다). 식구들과 손님들이 잡동사니가 사라진 공간을 보고 어떻게 반응하는지 유심히 살펴보라. 더 편안해하는 것 같은가?

여기서 물건 줄이기를 할 수 있는 방법들을 몇 가지 더 생각해보자. 이상적인 관점에서 볼 때 우리는 필요한 것이 충족되면 그 이상 아무것도 원하지 않는다. 최소한 거실에는 식구들이 앉을 수 있는 가구가 기본적으로 필요하다. 극단적인 미니멀리스트들과 비서구 문화의 사람들은 바닥 쿠션 몇 개로도 충분히 만족할 것이다. 독신 남성이라면 안락의자 하나면 잘 지낼 것이다. 그에 비해 부모와 자녀로 구성된 가족은 소파를 필수품이라 간주할 법하다. 이렇게 자문해보라. 집안에 식구가 세 명밖에 없는데 여덟 명이 앉을 수 있는 가구가 정말로 필요한가? 손님이 오면 언제든 접의자를 급히 마련할 수 있다. 아니면 바닥에 앉아서 재미있고 자유분방한 분위기를 연출해도 좋다. 가구가 공간을 얼마큼 차지하는지도 고려해야 한다. 커다란 가구가 주는 '안락함'이 마루 공간을 다 잡아먹어도 될 만한 가치가 있는가? 조금 더 작고 홀쭉한 가구로는 어딘가에 앉고 싶은 욕구를 충족하기 어려운가?

다음으로 탁자에 대해 이야기해보자. 다시 한 번 말하지만, 대부분의 거실은 가족들이 여러 가지 활동을 할 수 있게 도와주는 탁자가 적어도 하나는 필요하다. 하지만 그 이외의 대부분의 탁자는 장식용에 불과하다. 지금 거실에 있는 콘솔 테이블과 사이드 테이블, 엔드 테이블이 정말로 필요한지 곰곰히 생각해보라.

물건을 최소한으로 줄이는 또 한 가지 방법은 다기능 가구를 구입하는 것이다. 앞에서 언급했듯이, 침대 소파는 가족용 소파와 손님용 침대의 기능을 동시에 수행한다. 서랍이나 정리함이 딸린 탁자 하나면 물건을 수납할 다른 가구들이 더 필요하지 않으므로 바닥 공간을 상당히 많이 확보할 수 있다. 그런 가구들은 최소한의 공간을 차지하면서 최대한의 기능을 제공해 우리가 움직일 수 있는 공간을 훨씬 더 많이 남겨둔다.

당신의 거실은 텔레비전과 각종 전자기기를 이용해 여흥을 즐기는 공간이기도 하다. 하지만 이렇게 한번 자문해보자. 텔레비전이 정말로 필요한가? 충격적으로 들릴지도 모르지만, 우리 가족을 포함해 수많은 사람들이 텔레비전 없이도 완벽하게 만족스럽고 즐거우며 정보에 뒤처지지 않는 삶을 살아가고 있다. 더욱이, 요즘에는 노트북 컴퓨터나 데스크톱으로 어떤 영상도 스트리밍해서 볼 수 있다. 덤으로, 텔레비전이 없으면 정리함, 받침대, 혹은 다른 어떤 텔레비전용 장식장도 필요치 않다(아니면, 벽걸이 텔레비전을 이용하는 것도 방법이다).

또한 노래하기, 종이접기, 외국어 배우기처럼 재료가 거의 필요하지 않은 취미를 길러라. 그리고 커다란 게임판과 수백 개의 플라스틱 조각들 대신 작은 카드 한 벌이면 할 수 있는 게임을 하라. 당신의 놀고 싶은 욕구를 충족시키는 창의적인 전략들을 활용하라. 가령, 놀이 기구를 구입하지 말고 친구들이나 도서관에서 빌려도 좋다.

당신이 정말로 소장하고 싶은 제품은 디지털 버전으로 갈아타면 어떨지 생각해보라. 영화를 다운로드하고 음악을 변환하며 전자책 단말기를 구입하라. 전자책 단말기 한 대에 수백 권의 전자책을 담고 수천 권의 다른 전자책들을 접할 수 있으므로 책장을 잔뜩 구비할 필요가 없어진다. 소중하게 간직할 것이라고 확신하는 작품만 종이책으로 구입하라. 사진들을 모두 디지털로 저장하고 선물로 주고 싶거나 집에 전시하고 싶은 사진만 인화하라.

수납하기

거실은 대단히 많은 활동이 벌어지는 장소이므로 어떤 물건이든 제자리에 두는 것이 특히 중요하다. 그렇게 하지 않으면 완전히 엉망진창이 될 수 있다!

당신이 텔레비전을 시청하고 영화를 보관하고 잡지를 읽고 게임을 하며 컴퓨터를 사용하는 영역을 지정하라. 위에서 말한 활동에 관련된 물건들이 반드시 해당 장소에만 놓이도록 확인하고 그 물건들이 다른 곳에 잘못 놓이지 않도록 모든 조치를 취하라. 잡지가 텔레비전 위에 쌓여서는 안 되고 장난감이 소파 위에 자리를 잡아서도 안 된다. 식구들 모두 이 과정에 동참해서 시스템을 이해하고 책임을 분담해 관리하도록 하라.

'제자리에 두는 것', 거실에서는 특히 중요하다!

거실이 누군가의 사무실이나 공작실로도 활용되고 있다면 그 활동이 이루어지고 부속물을 놓아두는 공간을 명확하게 지정해 그 범위를 벗어나지 않도록 하라. 도움이 될 것 같거든 파티션이나 화분을 이용해서 가시적이고 심리적인 경계를 설정하라. 여기에는 두 가지 이유가 있다. 첫째, 사무용품이 주요 생활공간을 침범하지 않도록 하기 위해서다. 둘째, 사무공간에 잡동사니나 신경을 분산시킬 물건이 쌓이지 않도록 하기 위해서다. 사무를 보기 전에 책상에서 장난감을 치울 필요가 없어지면 생산성이 훨씬 향상된다.

당신의 물건을 중심 자리, 가장자리, 깊숙한 수납 자리에 분류해서 보관하라. 기억하겠지만 중심 자리에는 매일 혹은 거의 매일 사용하는 물건들이 보관된다. 중간 높이의 선반과 서랍처럼 꺼내기 쉬운 위치라야 한다. 거실의 중심 자리에 들어갈 만한 물건으로는 리모컨, 이번 호 잡지, 자주 사용하는 전자기기, 컴퓨터 주변장치, 좋아하는 책과 영화, 게임 등이 있다. 가장자리에는 일주일에 한 번 이상 쓰지 않는 물건들을 넣어두어야 한다. 취미 관련 용품과 공예 재료, 참고 도서, 손님 접대에 필요한 물건 등이 여기에 해당된다. 이 물건들은 비교적 높은 선반과 낮은 선반, 손이 쉽게 닿지 않는 서랍과 정리함에 보관하라. 계절 장식품과 무척 소중하게 여기지만 현재 전시해두지 않은 물건은 깊숙한 수납 자리 차지다. 되도록이면 지하실이나 창고 또는 평소 동선에서 멀리 떨어진 장소가 좋겠다.

그 다음으로는 비디오게임, 책, 잡지, 전자기기 등 여러 가지 소장품에 맞는 모듈을 만들어라. 마구잡이로 뒤섞어 보관하지 말고 서로 종류를 구분해서 별개의 선반이나 서랍, 보관함에 넣어두어라. 비슷한 물건들을 한데 모으면 중복되는 것들을 추리고 탐탁지 않은 것들을 솎아내며 소장품의 규모를 파악하는 데 크게 도움이 된다. 그리고 당신과 다른 식구들이 물건을 정해진 장소에 되돌려놓기도 한층 쉬워져, 물건들이 거실 여기저기 돌아다니거나 집 안 다른 공간에 침범하는 것을 막을 수 있다.

거실에 놓는 물건은 종류에 관계없이 소장 분량의 한도를 정해라. 한계 수치에 도달한 뒤부터는 물건을 새로 추가하기 전에 기존의 것을 없애라. 취향이란 시간이 지나면 자연히 변하기 마련이다. 예전에 무척 좋아했던 음악과 영화, 소일거리도 점차 싫증이 난다. 싫증난 물건은 무한정 보관하려 하지 말고 더 이상 즐기지 않는 것을 정기적으로 추려내 기증하라. 그렇게 하면 물건을 소유하느라 두통이 생기거나 돈을 쓰지 않고도 다양한 여흥을 즐길 수 있다.

정해진 한도가 다 차거든, 지금 비축한 물건들을 검토해서 쓸데없는 것을 걸러내기 전까지는 더 이상 물건을 늘리지 마라. 계획해둔 프로젝트들을 시작하든가 끝내지 못한 프로젝트를 마무리 지어라. 아니면, 앞으로 사용할 생각이 없는 물건들을 정리해버려도 된다. 좋아하는 것들을 골라내고 나머지는 과감히 버려라!

또한 수집품에도 한도를 정해라. 운이 나쁘게도 지금은 손가락만 놀리면 물건을 가질 수 있는 세상이다. 예전에는 몇 년이 걸려야 손에 넣던 소장품을 지금은 인터넷에서 조금만 시간을 보내면 얻을 수 있다. 그러므로 우리는 수집 대상에 나름대로 한도를 설정해야 한다. 발견하는 족족 구입하지 말고 입수할 물건의 개수를 정해 두어라.

마지막으로, 장식품에도 한도를 설정하라. 전통적인 일본 가옥에서 영감을 얻어라. 그곳은 신중하게 선별한 한두 개의 장식품만이 진열되어 있다. 이렇게 하면, 당신에게 가장 의미 있는 소장품을 골라 감상할 수 있다. 그렇다고 해서 나머지 장식품을 내다 버리라는 뜻은 아니다(물론, 원한다면 그렇게 해도 좋다). 그냥 좋아하는 물건들을 보관할 장식품 모듈을 만들어라. 한 번에 진열할 몇 가지만 눈에 띄게 꺼내놓되, 1년 내내 물건들을 교대시키면 된다.

하나가 들어오면 하나가 나간다는 규칙은 더 이상의 물건이 들어오지 못하게 확실히 관리해 거실의 물건이 늘어나는 것을 억제하는 데에도 한층 도움이 된다. 새로운 책이나 게임이 집으로 들어오면 기존의 책이나 게임은 반드시 나가야 한다. 잡지 최근호가 도착하면 과월호는 재활용 통으로 던져 버려라(아니면 친구나 친척들에게 넘겨라). 새로운 취미에 발을 담가보고 싶다면 더 이상 흥미를 끌지 못하는 기존의 취미를 하나 포기하고 그와 더불어 관련 용품들도 처분하라. 쇼핑하러 나갔다가 마음을 사로잡는 장식품을 발견하거든 집으로 들여놓기 전에 기존의 장식품 가운데 어느 것을 포기할지 결정하라(만약 희생할 만한 가치가 없어 보이거든 이번에는 그냥 넘어가고 더 좋은 제품을 발견할 때까지 기다려라). 이런 습관이 몸에 배면 거실의 모습이 달라진다. 과거에는 오래된 취미와 소일거리의 진부한 기념관이었다면 이제부터는 가족의 현재 취향을 반영한 역동적인 공간으로 탈바꿈할 것이다.

관리하기

지금 당장 어느 이웃이 불쑥 집으로 찾아온다면 탁자 위에 다과를 차릴 공간이 있는가? 자녀가 게임을 하거나 그림을 그리려고 하면 그럴 만한 공간이 있는가? 요가를 하고 싶어진다면 바닥에 충분한 공간이 있는가? 혹은 가구나 다른 물건들을 이리저리 옮겨 공간을 만들어야만 하는가?

우리 거실은 생활하기 위한 공간이다. 만약 거실을 임시 창고처럼 취급한다면 그 공간의 본래 기능을 파괴하고 우리 자신과 식구들을 속여 그 소중한 공간을 가로채는 셈이다. 커피 테이블, 사이드 테이블, 작업대, 책상처럼 표면이 평평한 가구가 가장 중요하다. 잡지, 광고 우편물, 장난감, 책, 미처 완성하지 못한 공예 작품 등을 아무렇게나 쌓아두기 시작하면 이런 가구들은 우리가 지금 하는 활동에 전혀 소용이 없다.

우리는 가장 큰 표면인 바닥도 최대한 깨끗하게 유지해야 한다. 특히 아이들은 돌아다니고 장난치며 탐구할 공간이 필요하다. 바닥을 거의 덮을 듯이 들어찬 가구들과 산처럼 쌓인 잡동사니들 틈바구니에서 거의 남아 있지도 않은 비좁은 놀이 공간에 아이들을 가두어서는 안 된다. 물론, 어른들에게도 잡동사니 없는 평온한 공간이 도움이 된다. 일터에서 기나긴 하루를 보내고 집으로 돌아오면 우리는 정신적으로나 육체적으로나 긴장을 풀 공간이 필요하다.

기업의 용어를 빌려 표현하면, 우리는 거실을 '공용 업무 공간'이라고 생각해야 한다. 회사에서 공용 업무 공간이란 누구나 사용할 수 있게 개방된 공간이다. 직원들은 아침에 출근해서 그날 사용할 빈 책상에서 업무 준비를 한다. 저녁에 퇴근할 때에는 소지품을 모두 챙기고 뒷날 다른 직원이 사용할 수 있도록 그 책상을 깨끗이 비운다. 거실도 이와 비슷한 기능을 수행해야 한다. 거실 바닥과 표면은 반드시 깨끗이 비워져 그날그날의 활동이 문제없이 이루어지도록 준비되어야 한다. 활동이 끝나면 사용한 물건들은 모두 치워 다음 사람이 사용할 수 있도록 만들어야 한다.

우리는 거실을 '공용 업무 공간'이라고 생각해야 한다.

그뿐만 아니라 방어 장치도 항상 준비해두어야 한다. 거실은 현관에서 몇 걸음밖에 떨어져 있지 않으므로 집 안으로 들어오는 물건들이 여기에 처음으로 멈춰 설 때가 많다(사실, 어떤 물건들은 여기서 영원히 눌러앉기도 한다). 그 지역을 수색해 침입자들을 조사하라. 엉뚱한 곳에 자리를 잡은 물건들을 찾아내면 분노에 휩싸여 망연자실하지 말고 맞서 싸워라. 보는 즉시 침입자들을 쫓아내고 거실에 들어오거나 굴러다니는 물건들이 머무를 기회를 절대 주지 마라. 코트는 걸어놓고, 신발은 신발장에 넣어두고, 우편물은 정리하며, 새로 산 물건은 적당한 장소를 찾아 즉시 치워라.

설상가상으로, 거실은 당신이 다른 사람들의 잡동사니를 가장 자주 마주치는 장소다. 이상적으로는, 시간이 지남에 따라 식구들이 공용 업무 공간을 존중하고 거실을 나설 때 개인 소지품을 챙겨가는 방법을 배우다 보면 이 문제가 차츰 잦아들어야 한다. 하지만 그렇게 되기 전까지는 당신이 주도권을 잡고 물건을 주인에게 곧장 되돌려주어야 한다. 매일 밤, 잠자리에 들기 전에 거실을 깨끗이 정리하고 제자리에 놓이지 않은 물건들을 치우는 습관을 들여라. 시간은 몇 분밖에 걸리지 않겠지만 대단히 큰 변화가 생긴다. 물건을 정리정돈하는 문제에 대해 하루 종일 잔소리하고 타이르며 이야기를 나눌 수도 있을 테지만, 식구들의 마음을 움직이는 가장 좋은 방법은 모범을 보이는 것이다.

22

침실
: 휴식을 취할 수 있도록 매일 정돈하라

침실은 집 안의 어느 장소보다 평화롭고 평온한 공간으로, 눈코 뜰 새 없이 바쁜 하루의 안식처가 되어야 한다. 그러니까 우리는, 지금 매우 중요한 작업을 앞두고 있다.

침실은 집 안에서 정리정돈이 가장 잘 되어야 한다. 직장, 학교, 육아, 청소를 비롯해 바쁜 일과 속에 어떻게든 짬을 내어 여러 가지 일을 수행하느라 힘든 하루를 보낸 뒤 당신의 지친 영혼에 위로를 건네는 대단히 중요한 기능을 하기 때문이다. 침실은 당신의 신체와 정신이 모두 긴장을 풀고 휴식을 취할 수 있는 공간이어야 한다.

잠시 시간을 내어 눈을 감고 이상적인 침실의 모습을 상상해보라. 마치 잡지에서 지면을 배치하듯 침실의 모습을 한 군데도 빼놓지 말고 자세히 떠올려보라. 예컨대 침대의 모양, 새털 이불과 침대보 및 담요의 색상, 베개, 조명, 바닥, 장식품을 비롯해 방안의 다른 가구와 비품을 상상하라. 어떤 분위기를 풍기는가? 잔잔한가, 낭만적인가, 아니면 호사스러운가? 개인적인 취향이 어떤지는 잘 모르지만 한 가지는 확신한다. 당신이 꿈꾸는 이상적인 침실에는 잡동사니가 하나도 없을 것이다. 당연한 일이다. 물건 속에 파묻혀 만족스러운 기분을 느끼기란 어려운 법이니까.

가장 먼저 할 일은 침대 하나만 남겨두고 모든 물건을 밖으로 빼내는 것이다. 침실이란 잠을 자기 위한 공간으로 정의할 수 있으므로(그리고 침대도 없이 등이 배기게 자고 싶지는 않을 테니) 그 가구만큼은 그대로 남겨두자. 이와 마찬가지로, 커다란 옷장이나 서랍장처럼 당신이 절대 버리지 않을 만한, 의류를 보관하는 커다란 가구들은 무엇이든 남겨두어도 좋다. 다른 물건들은 모두 밖으로 내보내자. 책상, 의자, 보관함, 빨래 바구니, 화분, 트레드밀, 복근 운동기, 텔레비전, 컴퓨터, 전기스탠드, 책, 잡지, 화병, 작은 장식품류 등이 밖으로 나가야 한다. 뼈대만 남겨두고 방을 완전히 비우고 그 안에 있던 물건들은 모두 옆방에 잠시 보관해두자.

이제 침대 위에 누워서 사방을 둘러보라. 참 많이 달라지지 않았는가? 실제로 침실이 얼마나 넓은지 이제야 처음으로 깨달았을 것이다. 좀 더 탁 트이고 평화로우며 마음이 편안해지는 기분이 드는가? 가장 좋은 부분은 이처럼 목가적인 분위기를 조성하기 위해 실내장식을 바꾸거나 값비싼 집수리를 할 필요가 없다는 점이다. 그저 잡동사니만 제거하면 된다!

분류 및 정리

버릴 것, 소중한 것, 넘겨줄 것을 차곡차곡 쌓아놓은 뒤, 침실의 물건들을 분류하기 시작하라. 의류나 액세서리는 아직 신경 쓰지 마라. 단독으로 다루어야 할 작업이므로 다음 장에서 이야기하기로 하자. 지금은 그 외의 것들에 집중하자. 특히, 수면과 옷차림에 아무 관계없는 물건들을 중점적으로 생각해보자.

여기서 당신은 흥미로운 딜레마에 부딪힐 가능성이 크다. 위에서 언급한 세 가지 종류 중 어디에도 해당되지 않는 물건들을 발견하기 때문이다. 당신은 이 물건들을 버릴 품목에 넣거나 넘겨줄 품목으로 분류해 파는 것도 선물하기도 싫다. 실은 그 물건들을 진심으로 간직하고 싶을 것이다. 하지만 수면이나 의류와 아무 관계가 없으므로 침실의 소중한 품목으로 분류할 수도 없다. 문제는, 이 물건들이 당신의 인생에 남아 있어도 되지만 침실에 있어서는 곤란하다는 것이다.

침실의 주요 기능은
잠을 자고 의류를 보관할 공간을 제공하는 것이다.

안타깝게도 우리 침실은 물건들이 빠져나가는 배수관 역할을 할 때가 많다. 즉, 거실이 물건들로 너무 꽉 차버리면 남는 물건들이 침실 문을 슬금슬금 넘어온다.

그러므로, 아무 부담 없이 침실의 소중한 품목을 '방 밖으로 나갈 물건'으로 재정의하라. 이 범주에는 잡지부터 아이들의 장난감과 로잉 머신(노 젓는 동작을 하는 운동기구—옮긴이)에 이르기까지 무엇이든 포함된다. 심지어 기념품과 추억이 깃든 물건들을 이 항목에 보태도 괜찮다. 그러나 이 물건들에 맞는 적당한 보관 장소를 반드시 찾아주어야 한다. 어떤 물건의 기능이 너무 모호해서 어디에 놓아야 할지 대책이

서지 않을 때, 기부 상자는 최적의 장소일 것이다.

침실의 주요 기능은 잠을 자고 의류를 보관할 공간을 제공하는 것이다. 그러므로 침실에 상주하는 물건에게 존재의 이유를 물어보면 휴식이나 긴장 완화 혹은 의류 보관과 관련된 대답이 나와야 한다. 그렇지 않으면 강제 추방 위기에 놓일 것이다.

지금쯤 당신의 침대는 시험에 멋지게 합격했다는 사실을 알고 꽤 우쭐해할 것이다. 침대 협탁이나 화장대 혹은 서랍장 위에 놓인 물건들은 조금 긴장할지도 모른다. 하지만 그 중 일부는 사실상 그 자리에 있는 게 너무도 당연하다. 자명종은 그 자리에 있어도 괜찮고 안경이나 화장지, 요즘 읽고 있는 책도 마찬가지다. 꽃병과 초 몇 자루도 보관할 만한 품목이다. 낭만적이거나 아늑한 분위기를 조성하는 데 분명 도움이 될 테니까.

이제 침실에 상주하지는 않지만 이곳에 들어오려고 기를 쓰는 물건들에 대해 이야기해보자. 예를 들면, 성가신 빨래 바구니가 있다. 물론, 침실은 옷을 개켜두기 딱 좋은 표면이 있지만 그렇게 하는 순간 좋은 분위기가 다 깨진다! 잔뜩 쌓인 양말과 티셔츠는 낭만적인 저녁에 전혀 도움이 되지 않으니까. 유아의 장난감도 마찬가지다. 동물 인형 한 무더기 옆에서 분위기를 띄우기는 어려운 법이다.

특히나 공예 도구들은 마땅히 갈 곳이 없을 때면 침실을 침범하곤 한다. 하지만 잠을 자면서 뜨개질을 하지 않는 이상 털실과 바늘은 침실에서 반드시 내보내야 한다. 만약 잠자리에 들기 직전에 하는 활동과 관련된 물건이라면 예외로 해도 된다. 그 경우, 물건을 상자나 봉투에 담아 침대 밑에 밀어 넣어라. 같은 이유로, 운동 장비와 컴퓨터 장비 및 주변기기 등의 보관 자리는 다른 방에서 찾아라. 하드 드라이브나 아령이 마음을 안정시키는 데 무슨 도움이 되겠는가.

이제 줄여야 할 물건이 더 없는지 살펴보자. 바로 이 지점에서 미니멀리스트의 진정한 즐거움이 시작된다! 보관할 만한 소비재나 장식품에 관한 규칙을 어기는 것은 권위에 저항하는 내 나름대로의 방식이다. 이런 행동이 가장 즐겁고 사회적으로 허용되는 곳은 침실밖에 없다!

침실은 우리만의 작은 세계다. 이 친밀한 공간에 들어오는 외부인은 거의 없고 만약 이곳에 출입하는 사람이라면 우리를 상당히 잘 알고 있다(그리고 가구나 장식품이 부족하다고 당신을 안 좋게 판단하지도 않을 것이다). 그러므로 우리는 사회

규범을 고려하지 않고 이곳에서 미니멀리스트의 환상을 자유롭게 탐험해도 된다. 정말 재미있을 것 같지 않나?

어렸을 때 나는 공주님 방처럼 잘 꾸며놓은 방에서 지냈다. 아름다운 캐노피 침대, 꽃무늬 깃털 이불과 커튼, 그리고 화장대와 서랍장, 책장이 세트로 구비되어 있었다. 바닥에 거의 빈틈이 보이지 않을 정도로 가구들이 꽉 들어찼고 침대 양 옆에만 겨우 약간의 공간이 있었다. 아주 아름다운 방이기는 했지만 숨이 막힐 것 같은 기분이 들었다. 어린 나의 팔다리조차 쭉 뻗고 자유롭게 돌아다닐 공간이 넉넉지 않다고 느꼈다. 하지만 10대가 되면서 나는 부모님을 설득해 방을 "다시 꾸며도 좋다"는 허락을 받아냈다. 서랍장과 화장대, 침대 협탁을 밖으로 내보냈으며 화려한 침대를 매트리스와 박스 스프링, 단순한 프레임과 맞바꾸었다. 나의 침실은 가구와 빈공간의 비율이 4대 1에서 1대 4로 완전히 역전되었고 나는 이 변화가 몹시 마음에 들었다(이렇게 한 명의 미니멀리스트가 탄생했다).

내가 강조하고 싶은 것은 당연히 그렇게 하는 일이라는 이유만으로 특정한 가구를 반드시 들여놓을 필요는 없다는 점이다. 침실 가구가 여섯 점이 한 세트로 구성되었다고 해서 당신이 전부 다 구매하거나 간직해야 한다는 뜻은 아니다. 누구나 화장대가 필요한 것은 아니다. 누구나 서랍장이 필요한 것도 아니다. 그리고 누구나 협탁이 필요하지도 않다. 에라, 누구나 침대가 필요한 것도 아니다! 인테리어 잡지들이 안방을 이렇게 꾸며라, 저렇게 꾸며라 제안하는 내용들은 모두 잊어라. 그 대신, 하던 일을 잠시 멈추고 자신에게 정말로 필요한 것을 깊이 생각해보라. 침실이 최소한의 기능을 수행할 수 있도록 가구를 최대한 줄이고 그 영광스러운 공간을 모두 되찾아라.

'당연히 그 자리에 있어야 한다'는 이유만으로
특정한 가구를 반드시 들여놓을 필요는 없다

침구류를 최소한으로 줄일 수 있는 방법들도 찾아라. 침대 덮개와 베개 덮개를 굳이 겨울용과 여름용으로 구별해서 쓸 필요가 있는지 자문해보라. 계절을 타지 않는 평범한 면 제품이면 1년 내내 충분히 사용할 수 있다. 같은 이유로, 4계절 사용할 수 있는 이불과 이불 커버를 선택하라. 마치군대처럼 필요한 만큼만 남겨놓고 침구 품목을 줄여라. 현명한 선택을 내린다면 안락함을 희생하지 않고도 수납장의 내용물을 줄일 수 있다.

수납하기

침실의 중심 자리에는 날마다 사용하는 물건들이 수납되어야 한다. 가령, 자명종과 안경, 미용용품, 계절 의류 등이다. 물론, 이 물건들은 방에 어지럽게 널려 있지 않고 모두 제자리에 있어야 한다. 의류는 바닥에 쌓아두거나 의자에 걸쳐놓지 말고 옷장과 서랍장에 넣는다. 옷을 벗으면 그 자리에서 접거나 걸거나 빨래 바구니에 집어넣는 습관을 들여라. 화장품은 화장품 가방이나 보관함에 넣고 신발과 벨트, 핸드백, 보석류 같은 잡화류는 반드시 옷장이나 서랍장, 신발장 안의 지정된 장소에 보관하라. 중심 자리의 물건은 반드시 눈에 보일 필요는 없지만 손에 닿기 쉬운 곳에 있어야 한다.

가장자리는 여분의 침구와 철 지난 의류 등을 보관하는 데할애하라. 그러나 침실의 물건 가운데 깊숙한 수납 자리에 어울리는 것은 하나도 떠오르지 않는다. 창고와 지하실은 침구류를 보관하기 최적의 장소는 아니며, 더욱이 당신이 가지고 있는 침구류는 가정에서 교대로 자주 사용되어야 한다.

만약 집 안 어디에도 이불장이 없으면 침실에 여분의 침구류를 보관할 모듈을 마련하라. 침대 밑에 넣어두는 플라스틱 보관함은 여분의 침대 덮개와 베개 덮개, 담요 등을 보관하기 딱 좋다. 집 안의 모든 침실을 동일한 방식으로 정리하라. 그러면 가족 누구나 자기 침구류를 금세 쉽게 꺼낼 수 있다. 그렇게 된다면 침구류가 선반 한 곳에 모조리 쌓여 있을 때 일어날 법한 혼란을 피할 수 있다.

침구류를 한데 모아놓고 보면 그 개수가 얼마나 많은지 알고 깜짝 놀랄 것이다. 시트와 담요는 꼭 우리가 보지 않을 때 번식하는 것 같다. 하지만 우리는 침실을 새롭게 단장하고 싶은 마음에 기존의 침구를 '만약의 경우 더미'로 분류하고 해마다 수집품을 늘린다. 사실, 침대 하나당 시트 두 장이면 충분하며 이들을 세탁 일정에 맞춰 교대로 갈아 끼우면 된다. 담요와 누비이불도 날씨를 크게 타는 품목이므로 따뜻한 지역일수록 필요한 개수가 줄어든다. 일반적으로, 식구들과 손님들이 언제든 적절히 사용할 수 있는 수준보다 더 많이 가지고 있지 마라.

미용용품을 침실에 보관하고 있다면 이와 관련된 모듈도 만들어라. 화장품과 빗, 머리솔, 스타일링 제품은 사용하지 않을 때에는 따로 치워둘 수 있는 작은 가방이나 보관함에 넣어라. 헤어 스프레이, 발 전용 파우더, 탈취용 화장품을 서랍장 위에 길게 늘어놓아 낭만적인 분위기를 해치기보다는, 신비로움을 유지하는 편이 훨씬 낫다. 또한 지갑, 동전, 교통카드, 열쇠처럼 주머니에서 매일 꺼내놓는 물건들을 정리할 작은 서류함이나 상자, 지정 서랍을 정해두는 것도 좋을 것이다. 이 물건들을 한 자리에 모아놓으면 한결 단정해 보이고 다음날 아침에 훨씬 더 쉽게 찾을 수 있다.

관리하기

이제 침실에서 가장 중요한 표면인 침대에 관해 이야기해보자. 한마디로, 침대는 언제나 말끔해야 한다. 어떤 구실이나 핑계도 소용없다. 침대는 당신의 건강과 행복에 무엇보다 중요한 영향을 미치며 적어도 하루의 1/4 이상 사용된다. 그러므로 용도에 딱 맞게 사용되도록 항상 준비가 되어 있어야 한다.

침대는 장식적인 것이 아니라 기능적인 표면이니 화려한 장식용 쿠션과 그 밖의 중요하지 않은 물건들을 최소한으로 줄여라. 매일 밤, 잠자리에 들기 전에 침대 위에 널린 물건을 깨끗이 정리하는 것은 짜증나는 일이며, 정리정돈할 물건은 적으면 적을수록 좋은 법이다. 고급스러운 호텔을 본받아 소박하게 꾸며라. 사각거리는 새하얀 시트와 베갯잇, 그 위에 덮인 폭신폭신한 이불은 천국 같은 미니멀리스트의 도피처를 조성해준다.

침대 협탁, 화장대, 서랍장, 테이블 등 침실에 가구가 많으면 많을수록 당신은 더욱 더 바짝 경계해야 한다(가구를 줄여야 할 좋은 이유다). 이 가구들이 제자리를 찾지 못한 잡동사니를 끌어모으지 않도록 하라. 가구의 맨 윗면을 깨끗이 치우고 정말로 그곳이 제자리인 소수의 물건들만 보관하도록 하라. 마지막으로, 그러나 앞에서 언급한 것들과 마찬가지로 중요한 것은 바닥을 잊지 말아야 한다는 것이다. 잔뜩 쌓인 책과 잡지를 비롯해 관심을 기울이지 않은 사이에 불어난 물건이라면 무엇이든 침실에서 쫓아내라. 무엇보다, 어떤 의류도 발밑에 걸리적거리다 이를 기점으로 삼아 결국 무더기로 쌓이기 쉬우니, 이대로 내버려두지 마라. 사실, 바닥에서 물건을 두기 꼭 맞는 부분은 침대 밑밖에 없다. 모든 사람이 물건을 보관하기 좋아하는 장소인 침대 밑을 사용하되 남용하지는 마라.

침실은 집 안의 다른 부분만큼 왕래와 활동이 많아 보이지는 않는다. 하지만 잡동사니 없이 깨끗한 상태를 유지하기 위해서는 여전히 날마다 관리해야 하는 곳이다.

소박하게 꾸며라.

사각거리는 새하얀 시트와 베갯잇,

그 위에 덮인 폭신폭신한 이불은

천국 같은 미니멀리스트의 도피처를 조성해준다.

가장 먼저 할 일은 매일 침대를 정돈하는 것이다. 이 단순한 행동은 겨우 몇 분밖에 걸리지 않지만 방의 모습을 완전히 바꾸어놓을 수 있다. 잘 정돈된 침대는 인생의 작은 사치 가운데 하나로, 당신에게 힘든 하루 일과를 마친 뒤 침대 속으로 미끄러져 느긋이 휴식을 취하라고 청한다. 평온한 분위기를 뿜어내는 침대는 당신이 계속 말끔하고 단정한 상태를 유지하는 데 커다란 영향을 발휘한다. 침구를 반듯이 펴고 가장자리를 단정하게 접어서 밀어 넣으면 잡동사니가 변장을 할 수 없고 축적될 가능성도 크게 줄어든다.

두 번째로 할 일은 돌아다니는 옷이 없는지 방안을 세밀히 살피는 것이다. 우리는 특히 힘든 하루를 보내고 침대에 쓰러지듯 누울 때면 재킷이나 스웨터, 스타킹을 벗고 나서 제장소에 되돌려놓지 못한다. 그처럼 흩어져 있는 물건은 눈에 띄는 대로 곧장 치워야 한다. 신발과 핸드백을 제자리에 정리하기란 특히 어려울 수 있다. 이런 물건들은 외출할 때 사용하는 것들이므로 문가에 우르르 모여 있는 경우가 많다. 옷장과 신발장에 전용 자리를 마련해서 당신의 침실 한 부분을 차지하지 않도록 하라.

세 번째로 할 일은 '초대받지 않은 손님'들이 없는지 침실을 감시하는 것이다. 침실이 비록 사적인 공간이지만 여전히 몇 가지 물건들이 은근슬쩍 숨어들어 온다(대체로 식구들이 들고 들어온다). 아장아장 걷는 아기의 봉제인형이나 배우자의 테니스 채가 방구석에 몰래 숨어 있는 것을 발견하거든, 밤새 그 자리에 내버려두지 말고 원래의 자리로 당장 되돌려놓아라. 눈을 감기 전에 방을 깨끗이 치우면 매일 아침 아름답고 평온한 공간에서 눈을 뜰 것이다!

23

옷장
: 자신에게 어울리는 스타일을 먼저 파악하라

이제 옷장의 잡동사니 문제에 매달려보자. 옷은 잔뜩 있는데 막상 입을 게 하나도 없다면 이번 장이 도움이 될 것이다. 소장한 의류의 개수를 줄이면 어떻게 시간과 돈, 공간을 절약하고 스트레스를 덜 받게 되는지 탐구한다. 한편으로는 근사한 차림새로 보이기 더 쉽게 만들어줄 것이다. 간소하게 정리된 옷장을 갖는 것은 미니멀리스트가 되는 것의 진정한 기쁨 가운데 하나다!

옷장은 내가 정리하기를 유난히 즐기는 공간이다. 이 작업은 방 전체와 씨름하는 것에 비하면 틀림없이 더 쉽다. 걱정할 가구도 없고, 깊이 생각할 장식용 소품도 없으며 다른 사람들의 물건을 해결할 필요도 없으니까. 솔직히 말해, 나는 옷장 정리 작업을 청소 시간이라기보다는 '나만의 힐링 시간'이라고 생각한다. 옷장을 구석구석 뒤지는 동안 음악을 틀고 와인을 따르며 나만의 패션쇼를 진행하고 싶다. 오래되어 촌스러운 옷들을 제껴두고 멋진 새 옷차림을 계획하다 보면, 두어 시간을 즐겁게 보낼 수 있고 게다가 옷장에 마련된 여유 공간으로 멋진 보상을 받는다.

새로운 시작의 첫 단추는 옷장과 서랍장, 장식장에 있는 물건을 모두 꺼내 침대 위에 올려두는 것이다. 모두란 말은 정말 하나도 빼놓지 말라는 뜻이다! 텅 빈 서랍과 선반, 옷걸이들만 휑뎅그렇게 남을 때까지 계속 비워 나가라.

하지만 작업을 계속하기 전에 잠시 자아성찰을 해보자. 미니멀리스트의 옷장을 만들기 위해서는 우리에게 무엇이 적합한지 알아야 한다. 자신에게 맞는 스타일이 무엇인지 잠시 고민해본다. 클래식, 모던, 빈티지, 프레피, 스포티, 펑크, 보헤미안, 로맨틱, 혹은 글래머러스 스타일 중에 어떤 것인가? 파스텔 색, 보석처럼 강렬한 색, 혹은 선명한 원색 중에 무엇을 선호하는가? 몸에 딱 맞게 재단된 옷과 헐렁하고 매끄럽게 늘어진 옷 가운데 어느 편이 가장 잘 어울리는가? 어떤 소재의 천이 가장 편안하게 느껴지는가? 이 질문의 대답을 마음속에 계속 새긴 채 옷들을 평가하라. 자신의 스타일이나 기호에 맞지 않는 옷은 몸에 걸칠 때보다 옷장에 걸어둘 때가 더 많을 가능성이 크다.

다음으로, 화재와 홍수를 비롯한 여러 가지 천재지변이 일어나 옷장을 모두 쓸어가는 바람에 처음부터 다시 장만해야 한다고 상상해보자. 가진 돈은 한정되어 있으므로 현명한 선택을 내려야 한다. 일상적으로 사용하는 절대적인 필수품이 무엇인지 깊이 생각해보라. 이 목록에는 양말과 속옷, 바지 한두 벌, 셔츠 두 벌, 재킷 한 벌, 다목적 신발 한 켤레가 포함되며 어쩌면 스웨터와 치마, 스타킹이나 타이츠도 들어갈 것이다. 출근하는 평일과 주말에 모두 적합할 뿐 아니라 어떤 기온에도 쾌적한 기분을 유지하도록 겹쳐 입을 수 있는 품목들을 선택하면 좋을 것이다. 얼핏 어울리지 않는 의류들도 잘 코디해서, 몇 벌 되지 않는 옷으로 다양한 차림새를 연출할 줄 알아야 한다. 이렇게 하면 당신의 가장 기능적인 의류를 한층 돋보이게 하고 미니멀리스트의 옷장을 위한 탄탄한 기초를 마련해준다.

분류 및 정리

옷장에 있던 물건을 모두 밖으로 꺼냈으니 이제 하나씩 입어보아라. 파티용 드레스나 스리피스 정장을 5년 동안 입지 않았다면 그 옷이 아직도 잘 맞는지 어떻게 알까? 의류를 하나씩 몸에 걸쳐보고 거울 앞에서 한두 바퀴 돌아본다. 단지 옷걸이에 걸려 있을 때 근사해 보인다고 해서 직접 입어도 근사해 보인다는 뜻은 아니라는 건 누구나 알고 있다. 반대로, 따로 놓고 보면 시시한데 막상 입으면 확 살아나는 옷도 있다.

옷을 버릴 것, 소중한 것, 넘겨줄 것으로 한 무더기씩 나누고 중대한 결정을 내릴 마음의 준비를 한다. 상자나 쓰레기 봉투에 버릴 물건들을 담아라. 내다 버리는 게 아니라 눈에 안 보이도록 잠시 치워두라는 것이다. 그러면 거부한 물건 무더기에서 무언가를 회수하고 싶은 유혹이 줄어든다. 버릴 것에는 수리해도 소용없는(혹은 수리할 능력도 그럴 마음도 없는) 물건들이 모두 포함된다. 예컨대, 구멍 난 스웨터나 얼룩이 지지 않는 셔츠 등이다. 만약 옷장에 손을 뻗어 몸에 걸치고 남들 앞에 나서는 옷이 아니라면 거기 넣어둘 필요가 없다. 그렇다고 쓰레기 매립지 행이라는 뜻은 아니다. 재활용하거나 용도를 변경할 수 있다면 더욱 좋다. 이런 의류는 특정한 용도로 사용할 생각이 있을 때에만 간직해도 된다.

어떤 의류를 간직하는 첫 번째 이유는

실제로 입기 때문이다.

만약 닳아빠진 의류만 해결할 거라면 분류 및 정리 작업은 거저먹기다! 그러나 대부분의 의류는 해지기 한참 전에 싫증이 먼저 난다. 사람들 앞에서 입기 꺼려지거나 불편하거나 유행에 뒤떨어진 듯한, 다시 말해 당신에게는 더 이상 쓸모없지만 그래도 완벽하게 훌륭한 의류는 무엇이든 넘겨줄 품목으로 분류하라. 당신의 옷장에 방치된 채 낡아가도록 내버려두지 말고, 옷에게 제2의 인생을 살아볼 기회를 주어라. 가격표가 아직 붙어 있는 상품이라면 상점에 반품하면 된다. 대부분의 가게는 구입한 날짜로부터 30일 이내에 착용하지 않은 의류일 경우 환불해준다. 그렇지 않으면 인터넷이나 위탁 판매점을 통해 판매하거나 자선 단체에 기부하면 된다.

스트림라인 기법을 끝까지 잘 활용해 소중한 것을 찾는다면 머지않아 미니멀리스트의 옷장을 갖게 될 것이다. 하지만 작업을 좀 더 천천히 진행하고 싶다면 거의 힘이 들지 않는 다른 방법도 있다. 옷을 입었을 때 멋지고 세련된 기분이 들면 초록색 리본, 촌스럽고 초라한 기분이 들면 빨간색 리본, 어떤 기분인지 결정하기 어려우면 노란색 리본을 옷걸이에 묶으면 된다. 6개월 뒤에 초록색과 노란색 리본이 묶여 있는 의류는 소중한 품목으로, 빨간색 리본이 묶여 있는 의류는 버릴 품목이나 넘겨줄 품목으로 분류한다. 리본이 묶여 있지 않은 의류는 전혀 입지 않았다는 뜻이다. 그런 의류는 어떻게 분류해야 할지, 본인이 잘 알 것이다!

어떤 의류를 간직하는 첫 번째 이유는 실제로 입기 때문이다. 그거야 정말 쉬운 일이 아닐까? 그 이유는 우리가 가진 의류의 정당성을 대부분 증명하지 않을까? 너무 성급한 결론에 도달하지는 말자. 파레토 법칙, 혹은 80 대 20의 원칙에 따르면 우리가 80퍼센트의 빈도로 입는 옷은 전체의 20퍼센트에 불과하다. 이런! 우리는 소장하고 있는 의류를 대부분 입지 않는다는, 아니 적어도 자주 입지는 않는다는 뜻이다. 옷장의 크기를 지금의 1/5로 줄이더라도 놓치는 것은 거의 없다.

당신에게 잘 맞는 의류는 옷장에 머물러야 할 이유가 충분하다. 이와 반대로, 잘 맞지 않아서 입을 수가 없고, 입을 수가 없다면 무엇 때문에 간직하는가? 다양한 체중에 맞게 여러 사이즈의 의류를 보관하지 마라. 일단 살을 뺀 다음 자신에게 새 옷을 상으로 주어라.

당신의 기분을 즐겁게 하는 의류는 옷장에서도 환영받는다. 소매 길이가 어느 정도면 팔이 매혹적으로 보일지, 치마 길이가 어느 정도면 다리가 가장 돋보일지 결정하라. 어느 색이 당신의 피부색을 보완할지, 어느 옷을 없앨지 결심하라. 유행이 아니라 당신의 몸을 기준으로 옷장을 꾸며야 한다. 의상을 생각할 때에는 그 차림으로 마음 편히 카메라 앞에 설 수 있는지, 혹은 헤어진 배우자나 애인을 마주쳐도 괜찮은지 자문해보라. "안 돼"라는 대답이 떠오르거든 그 옷은 가차 없이 버려라.

당신의 생활방식에 잘 맞는 의류도 계속 보관하라. 특정한 복장이 필요한 활동들, 가령 직장과 사교 행사, 원예, 여가, 운동 등의 목록을 작성하고 그 기준에 따라 당신의 옷을 평가해보자. 옷장을 파티 드레스로 가득 채운다고 당신이 사교계의 명사가 되는 것은 아니다. 오히려 실생활에서 입고 다닐 옷에 공간을 할애하는 편이 좋다. 생활의 변화를 수용할 수 있도록 옷장을 잘 정비하라. 예컨대 현재 재택근무를 하는 사람이라면 신사복을 없앤다거나 예전에 살던 곳보다 더운 지방으로 이사를 갔다면 양가죽 코트를 처분하면 된다.

단지 돈을 많이 지불했다는 이유만으로 그 물건을 간직할 필요는 없다. 아무리 착용하지 않는다 해도 캐시미어 스웨터나 디자이너 브랜드의 하이힐을 던져버리기 힘들다는 건 잘 알고 있다. 이런 품목들을 옷장과 신발장에 그대로 넣어두면 마치 돈을 낭비하지 않은 기분이 든다. 하지만 그 물건들을 팔아서 현금을 조금 되찾거나 자선 단체에 기부하는 편이 한결 낫다. "이미 지출한" 돈이 적어도 좋은 일에 쓰이게 되는 셈이니까.

본질적으로, 미니멀리스트의 옷장은 캡슐 옷장capsule wardrobe이라는 이름으로 널리 알려져 있다. 즉, 믹스앤매치로 여러 가지 차림을 연출하는 것이 가능한 소량의 필수 의류 소장품을 말한다. 우선 검은색과 다갈색, 회색, 감청색, 크림색, 카키색 같은 기본 색상을 선택하고 바지와 치마 같은 기본 의상은 그 색조로 제한한다. 나는 검은색을 선택하고(주로, 나를 돋보이게 해주고 어떤 색과도 잘 어울리며 얼룩이 묻어도 눈에 잘 띄지 않기 때문이다) 어중간한 옷들을 모두 없앴다. 이 전략을 실행하자 옷장의 볼륨이 대폭 작아짐은 물론, 액세서리가 줄어드는 데에도 도움이 되었다. 나는 더 이상 신발과 양말, 핸드백을 색색별로 구비할 필요가 없다는 걸 알고 감격했다. 검은색 핸드백이나 신발은 내 옷장 안의 어떤 품목과도 잘 어울린다. 지금보다 훨씬 적은 수의 의류만 있어도 잘 지낼 수 있다는 뜻이다.

걱정은 접어두자. 이 전략을 따른다고 머리부터 발끝까지 한 가지 색으로만 입어야 한다는 뜻은 아니니까. 이제 액센트 컬러를 선택할 순서다. 당신을 돋보이게 만들 뿐 아니라 미리 골라둔 기본 색상과도 잘 어울리는 색조를 몇 가지 선택해본다(나는 진홍색, 진자주색, 옥색, 청록색을 선택했다). 셔츠와 스웨터, 다른 기본 의상을 선택할 때에는 이 색상들을 고수하라. 조금 더 다채로운 분위기를 연출하고 싶다면 두 번째 기본 색상을 추가하면 된다. 다만, 당신이 선택한 모든 색상이 반드시 믹스앤매치가 되도록 하라. 이상적으로 말하면, 어둠 속에서 옷을 입어도 여전히 근사하게 차려입을 수 있다.

다음으로는 다양한 용도에 주목해보자. 캡슐 옷장에 들어갈 후보라면 다재다능함이 기본 덕목이다. 말하자면, 여러 가지 날씨와 상황에서 착용할 수 있어야 한다. 하나만 입어도 되는 두툼한 옷보다는 여러 겹으로 껴입을 수 있는 제품을 선택하라. 가령, 카디건이나 민소매 톱의 일종인 셸[Shell]은 두툼한 스웨터 한 장보다 훨씬 더 자주 입을 수 있다. 장식이 많은 옷보다는 실루엣이 단순한 옷을 선택하라. 예를 들어 러플 셔츠에 비해 브이넥 셔츠는 코디네이션하기가 한결 수월하다. 도저히 맞춰 입기 힘든 디자인보다는 어떤 옷차림과도 잘 어울리는 제품을 선택하라. 검은색의 기본 펌프스는 라임색 스틸레토보다 분명 쓰임새가 다양하다.

> 이상적으로 말하면, 어둠 속에서 옷을 입어도
> 여전히 근사하게 차려입을 수 있다.

생기나 화려함을 더하고 싶은가? 언제나 유행의 첨단을 걷는 프랑스 사람들이 하듯, 복장의 한 군데를 시크하게 강조해 유행을 안 타는 단순한 옷에 활기를 불어넣어라. 예컨대 폭이 아주 좁은 넥타이, 스테이트먼트 벨트(크기나 소재, 색상으로 시선을 잡아끄는 벨트—옮긴이), 대담한 팔찌 등을 활용해본다. 경험으로 미루어보면, 내가 오래된 앙상블(함께 입도록 디자인한 한 벌의 의상—옮긴이)에 시선을 사로잡는 스카프를 매면 사람들은 항상 이 '새로운 옷차림'을 알아보고 한 마디씩 건넨다. 이것이 바로 액세서리의 힘이다. 액세서리는 진부한 옷차림을 그 즉시 더욱 매혹적으로 만들어주고 보관할 때 장소를 많이 차지하지 않는다.

수납하기

어떤 옷이든 옷장, 서랍장, 벽장 혹은 선반에 보관하라. 이를 위해서는 모든 물건에 공간을 할애해야 한다. 특정 선반은 티셔츠, 특정 서랍은 속옷, 옷장의 특정 구역은 코트와 정장, 드레스만 전적으로 보관하라. 손 닿기 쉬운 자리에는 매일 혹은 매주 입는 의류를 넣어라. 예를 들어 양말, 속옷, 잠옷, 작업복, 주말 의상, 운동복, 실내복 등이다. 그러면 옷 입는 시간이 절약되고 옷을 정리하기도 쉬워진다.

그 외 공간에는 자주 입지 않는 가령 한 달에 한두 번이나 1년에 두 번 착용하는 의류를 보관하라. 드레스와 정장은 여기 보관하면 좋을 것이다. 그런데 이렇게 자주 입지 않는 옷을 어째서 보관할까? 결혼식이나 연말 파티 혹은 여타 사교 행사에 초대받을 경우, 쇼핑을 하러 가지 않아도 격식에 맞는 옷을 이미 소장한 상태라면 한결 마음이 편하기 때문이다. 그렇다고 해서 턱시도 세 벌이나 야회복 다섯 벌이 필요하다는 뜻은 아니다. 정장 한 벌 혹은 검은색 드레스 한 벌이면 충분하다. 차려 입어야 할 장소에 초대받을 일이 극히 드물기 때문에 대개는 한 벌을 반복해서 입어도 무사히 넘어갈 수 있다. 스키복과 수영복 같은 계절 의류와 특수복도 이 '외곽'에 넣어두었다가 적당한 시기가 되면 이 의류들을 중심 자리로 옮겨가면 된다.

깊숙한 수납 자리에 넣어두어야 할 물건은 웨딩드레스처럼 감상적인 물건들이다. 그리고 동생에게 물려주기 위해 보관할 아이들 옷도 마찬가지다. 물건을 넣을 장소는 신중하게 선택해야 한다. 지하실이나 창고에서는 직물이 손상되기 쉽기 때문에 얼마 못 가 버릴 품목으로 변하고 만다. 가능하다면, 집 안에서 구석지기는 하지만 온도 조절이 되는 공간을 찾아보라.

의류를 한데 모아 모듈을 만들고 나면 그 결과에 깜짝 놀랄 것이다! 검은색 바지 10장, 하얀색 셔츠 20장, 혹은 신발 30켤레를 소장하고 있었다는 걸 알게 될 테니까. 그 의류를 동시에 바라보고 있으면 필요 이상으로 많이 소유했다는 사실을 금세 깨닫게 된다. 의류를 계속 한데 모아두면 소장품을 추가하고 싶은 충동을 절대 느끼지 않는다.

원한다면 '범주'를 좀 더 세분화해서 색깔별, 계절별, 유형별 모듈로 나누어도 좋다. 예를 들어, 감청색 바지나 다갈색 블레이저(정장에 비해 다소 캐주얼하게 디자인된 재킷-옮긴이), 혹은 카키색 반바지를 함께 보관하는 것이다. 셔츠는 민소매, 짧은 소매, 긴 소매로 구분하고, 치마는 미니, 무릎 깊이, 발목 길이로 세분할 수 있다. 드레스는 캐주얼용과 연회용으로 나누고 정장은 여름용과 겨울용으로 분류한다. 모듈을 구체적으로 세분할수록 소장 의류를 검토하기가 쉬워진다. 액세서리도 똑같은 방식으로 정리하자. 그저 크기가 작다는 이유로 잊어버리고 넘어가서는 안 된다. 스카프를 한데 모으고 계절별로 분류하자. 신발을 한데 모으고 용도별로 구분하자. 보석을 한데 모으고 귀고리와 목걸이, 브로치, 반지, 팔찌로 세분하자. 핸드백을 한데 모으고 색깔별, 계절별 혹은 기능별로 나누자.

모든 물건을 한 자리에 모으고 나면, 이제 선별 작업을 한다. 한 가지 부문에 물품의 개수가 너무 많으면 가장 질이 좋고 외모를 돋보이게 해주는 것들만 남겨두기로 한다. 어쨌든 이런 옷들만 결국은 입게 될 테니까.

마지막으로, 의류를 가지런히 보관할 수 있도록 자리를 정해 수납하자. 작은 의류들, 가령 스타킹과 스카프, 시계, 보석류는 칸막이 정리함이나 상자 혹은 바구니를 사용한다. 종류별로 가지런히 정리해두면 더 이상 개수가 늘어나지 않을 것이다.

지금 같은 대량 생산의 시대에 의류는 가격이 저렴하고 구하기가 쉽다. 마음만 먹으면 쇼핑을 나가 물건을 잔뜩 구입해 차에 한가득 싣고 돌아올 수 있다. 게다가 패션은 항상 변화하기 마련이어서, 이번 시즌에 한창 유행하던 것이 다음 시즌에는 유행이 지나가, 새로운 '머스트 해브' 아이템으로 대체되고 만다. 그러니 옷장이 터지도록 의류가 들어차는 것도 당연하다!

그런 이유에서 한도를 설정하는 것은 미니멀리스트의 옷장에서 중요한 부분이다. 그러면 옷과 액세서리가 관리하기 쉬운 만큼만 남기 때문이다. 가장 넓은 의미에서는 수납공간에 맞게 의류의 개수를 제한하면 된다. 옷장 밖으로 쏟아져 나와 방안을 차지하게 내버려두면 안 된다. 더 좋은 방법은, 옷장이 미어지도록 의류를 채워 넣지 말고 의류를 충분히 처분해 숨 쉴 수 있는 여유 공간을 만드는 것이다. 빽빽이 늘어선 옷걸이에서 억지로 잡아 **빼거나** 서랍장이 미어지도록 쑤셔 넣으면 옷에도 좋지 않고 스트레스 지수도 높아진다.

옷장에 새 의류를 들일 때에는

그와 동일한 종류 가운데 유행이 지나거나

크기가 맞지 않거나

애정이 식은 것을 처분해야 한다.

패션은 의류가 낡아 해지는 속도보다 더 **빨리** 변화하므로 매 시즌 새로운 의류를 구매한다면 우리 옷장은 눈 깜짝할 사이에 가득 찬다. 따라서 옷장에 새 의류를 들일 때에는 그와 동일한 종류 가운데 유행이 지나거나 크기가 맞지 않거나 애정이 식은 것을 처분해야 한다. 하나가 들어오면 하나가 나간다는 규칙을 적용해 같은 종류의 새 의류와 헌 의류를 맞바꿔야 한다. 운동화 한 켤레를 집에 들여오면, 낡은 운동화는 집을 떠나야 한다. 큰돈을 들여 새 드레스를 구입하면 오래된 드레스는 은퇴시켜야 한다. 그러면 당신의 옷장은 곰팡내 나는 한물간 패션 보관소가 아니라 새롭게 끊임없이 변화하는 의상 컬렉션이 될 것이다.

그리고 오래되었지만 없애버리기에는 '너무 좋은' 의류의 경우, 새로운 것이 정말로 필요한지 자문해보라. 지금 가지고 있는 의상으로 전혀 부족함이 없다면 새로운 옷을 추가하는 것이 무슨 의미가 있을까? 유행하는 패션을 따라가야 한다는 부담감을 느끼지 마라. 유행이란 당신이 어렵게 번 돈을 빼앗으려고 고안한 마케팅 계략에 불과하니까. 시즌마다 반드시 가져야 할 품목을 구매하지 말고 유행에 관계없이 늘 근사하게 보이는 클래식한 의류에 투자하라. 그러면 은행 잔고가 두둑해지고, 옷장이 더 넓어지며, 치워야 할 잡동사니가 줄어든다.

관리하기

우리는 옷장의 공간을 해방시켰고 적은 가짓수의 의류로 멋있는 차림을 연출하는 방법도 배웠다. 이 성공적인 업무 수행을 자축하자! 이제는 다시 감당할 수 없는 상태가 되지 않도록 옷장을 관리해야 할 차례다.

우선, 옷장을 늘 말끔하게 정리하라. 옷을 벗으면 그 자리에서 바로 걸거나 접거나 빨래 바구니에 던져 넣어야 한다. 의류를 적합한 모듈에 보관하면 자신이 소장한 품목을 항상 정확히 파악할 수 있으므로 새로운 스웨터 다섯 장이 슬그머니 옷장으로 들어올 가능성이 없어진다. 선반, 신발정리대, 옷걸이 봉, 걸이형 정리대 등 수직 수납함을 사용해 옷장 바닥을 항상 비워두어라.

둘째, 의류를 신경 써서 간수하라. 상식을 발휘해 의류를 손상시키지 마라. 가령, 비오는 날은 스웨이드 신발을 신지 않는다거나 자녀의 축구 경기를 구경하러 갈 때에는 하얀색 바지를 입지 않는 식이다. 옷이 조금 해지거든 부위가 더 넓어지기 전에 수선하고 얼룩이 오래되면 잘 지워지지 않으므로 생기는 즉시 지워야 한다. 의류를 조금만 정성스레 관리하면 예비용을 구입할 필요가 없다.

셋째, 상점들을 멀리하라. 재미나 오락 삼아, 혹은 단지 심심하다는 이유로 쇼핑을 해서는 안 된다. 그러다 성가신 일만 생길 테니까. 알다시피, '일'은 그렇게 벌어지는 거다. 없으면 못 살 것 같은 물건이 아닌 이상 유혹을 뿌리치고 가게에 발을 들여놓지(혹은 인터넷 쇼핑 사이트를 검색하지) 마라. 소장한 의류의 목록을 작성하고 쇼핑을 갈 때 그것을 휴대하라.

마지막으로, 계절이 바뀔 때면 잡동사니를 제거하라. 가을과 봄은 옷장을 재평가하기 좋은 시기다. 겨울맞이 채비를 하느라 외투나 스웨터를 꺼내거든 천천히 그 옷들을 살펴보자. 취향이 변하고 몸이 달라지듯 패션도 마찬가지다. 작년에 그렇게 좋아했던 재킷도 지금 보면 낡았거나 유행이 지났거나 눈길이 별로 가지 않을지도 모른다. 스키니 진은 마지막으로 입은 뒤로 너무 꽉 끼게 되었을 수도 있다. 앞으로 입지 않을 것 같은 의류는 무엇이든 처분하고 옷장에 생긴 여유 공간과 함께 새로운 계절을 맞이하자!

24

서재
: 세분화하여 공간의 생산성을 높여라

지금부터는 대단히 중요한 일, 즉 서재 정리 작업을 시작할 것이다. 우리는 책상에 산더미처럼 쌓인 서류 뭉치들을 치우고 다시는 물건이 쌓이지 않도록 시스템을 고안할 것이다. 벅찬 일처럼 들릴지도 모르지만 한 번에 한 걸음씩 내디며보자. 그리고 이 작업은 각종 고지서를 처리하거나 세금을 내는 것보다 훨씬 재미있을 거라고 장담한다. 더욱이, 그만한 수고의 보상이 주어진다. 새로 생긴 깨끗하고 장대한 공간은 백만 배쯤 더 큰 결실을 맺게 해줄 테니까!

당신이 책상에 앉아서 중요한 일을 열심히 하고 있다고 상상해보라. 일을 원활하게 진행하던 차에 문득 특정한 서류가 필요해진다. 당신은 아차 싶어서 책상 위에 흩어진 서류 뭉치들을 쳐다본다. 그리 힘 들이지 않고 찾을 수 있기를 기도하며 이를 악물고 서류 더미 속에 뛰어든다. 서류 더미를 뒤질수록 절망감은 커져만 가고, 그러는 사이 아직 납부하지 못한 고지서와 우편으로 보내야 할 신청서, 철해야 할 영수증을 발견한다. 이 문제들을 해결하고 나서 서류 찾기 작업을 다시 시작한다. '잃어버렸다'는 결론을 내리려는 차에, 방 건너편의 다른 짐 더미 속에서 그 서류를 발견한다. 그 무렵, 집중력은 이미 무너지고 시간은 턱없이 부족한 상태다. 시작한 일을 마무리 짓지 못한 채 다음 날을 기약하는 수밖에.

그러면 어떻게 다시 시작할 수 있을까? 다른 어느 공간보다 서재는 작업을 더욱 세분화하는 게 도움이 된다. 책상과 책장, 서류 정리함을 복도에 내놓지 말고 우선 가구 안의 내용물부터 공략한다. 가구 하나를 치워도 될 정도로 내용물의 수량을 줄일 수 있다면 정말 환상적일 것이다! 그러나 종이와 사무용품은 크기가 작고 양이 엄청나다. 한 번에 달려들어 해결할 수 있는 분량은 기껏해야 서랍 하나 혹은 서류철 하나 정도다. 서둘러 살펴보고 싶은 유혹에 빠지지 마라. 천천히 꼼꼼하게 검토하면 공들인 만큼 한층 커다란 효과가 있을 것이다.

정리하기로 선택한 서랍이나 선반을 완전히 비워라. 제거할 물건만 한두 가지 골라내지 말고 마음속의 덤프트럭을 몰고 와서 내용물을 완전히 쏟아버려라. 일단 물건을 모두 펼쳐놓았으면 물품 하나하나마다 깊이 생각해보고 나서 정말로 소장할 가치가 있는지 판단하면 된다. 수백 개의 스테이플러 심과 클립, 펜, 종이, 고무 밴드의 운명이 당신의 손에 달려 있다.

그 과정에서 서류와 사무용품을 어디에 어떻게 보관할지 신중하게 생각해보라. 스테이플러가 두 번째 서랍의 맨 왼쪽 구석에 항상 있었다는 이유만으로 그 자리에 되돌려둘 필요는 없다. 다시 시작하기는 물건을 이리저리 뒤섞어 새롭게 배치해볼 수 있는 멋진 기회다. 당신의 작업 공간을 최대한 편안하고 효율적으로 설계할 더없이 좋은 시기다.

분류 및 정리

첫째, 쉬운 물건부터 시작하자. 즉, 차곡차곡 쌓이는 광고 우편물을 모두 제거한다. 광고 우편물의 대다수를 차지하는 신용카드 신청 권유서, 세일 안내문, 카탈로그, 브로셔, 광고 전단 등은 전반적으로 그리 중요하지 않다. 당장 정리할 정도로 중요하지 않은 물건이라면 재활용품으로 분류하면 어떨까. 의사 결정에 대해 고민하지 말고 곧장 시작해서 빨리 제거하라. 광고 우편물을 한 아름 내다 버렸다고 나중에 후회하게 될 가능성은 거의 없다.

작업을 하는 동안 분명히 버릴 품목은 모두 내쫓거나 재활용하라. 이를테면 잉크가 마른 펜, 녹이 슨 클립, 늘어난 고무 밴드, 닳아빠진 지우개, 지난 달력, 부러진 연필, 찢어진 서류철, 낡고 끈적끈적한 공책, 쓰고 난 봉투, 빈 잉크 카트리지를 비롯해 정체를 알 수 없는 물건들이 해당된다.

진정한 미니멀리스트의 서재를 위해,
사무용품의 수량을 줄여 꼭 필요한 것만 남겨두어라.

차마 털어놓기 부끄럽지만, 마지막으로 서재를 대대적으로 정리했을 때 나는 액자 한 보따리(내 사진은 전부 디지털로 저장되어 있다), 플로피 디스크 한 상자, 비디오테이프 라벨, 그리고 믿기지 않겠지만 타자기 수정 테이프를 발견했다. 현대적인 작업 공간에서 구시대적인 사무용품을 발견한 사람이 분명 나 하나만은 아닐 것이다. 깊이 파고들면, 당신도 자기만의 오래된 유물을 몇 점 발견할지도 모른다. 이 물건들은 여전히 제 기능을 할 수도 있지만 대개는 더 이상 쓸모가 없다.

버릴 품목에 관해 이야기할 때면 한 가지 덧붙여야 할 항목이 있다. 바로, 망가진 컴퓨터와 전자기기다. 대부분의 경우, 우리는 이 물건들을 반짝반짝 빛나는 새 제품으로 이미 교체했을 것이다. 그러면 어째서 생명이 다한 모니터는 여전히 서재 한쪽 구석에 자리를 차지하고 있을까? 새 모니터가 갑자기 고장 나면 낡은 모니터를 되살릴 수 있다고 정말 기대하는 걸까? 우리는 대부분 전자제품을 고칠 수 있는 기술이 없고 수리비가 교체 비용보다 더 많이 드는 경우도 허다하다. 그러므로 오래 전에 멈춰버린 프린터나 컴퓨터 혹은 다른 전자제품을 여전히 보관하고 있다면 이쯤에서 마지막 작별인사를 하자.

그밖에 버릴 품목 명단에 들어갈 후보로는 지나간 프로젝트와 예전의 관심사에 관련된 문서와 용품이 있다. 더 이상 관여하지도 마음을 두지도 않는 일이라면 그 물건들을 그만 손에서 놓아주자. 그 물건들을 자신이 쏟은 노고의 증거로 간직하는 게 꽤 구미가 당긴다는 것은 안다. 나도 대학원 시절의 노트들에 대해 똑같은 감정을 느꼈기 때문이다. 그 노트들은 힘든 연구 과정의 피와 땀과 눈물을 상징했다. 그러나 그 안에 담긴 정보는 나의 새로운 경력과는 관련이 없었다.

소장품들의 가치를 평가할 때는 넘겨줄 물품 더미를 십분 활용하라. 비록 당신은 50개의 서류철과 평생 쓰고도 남을 만큼의 2B 연필이 더 이상 필요 없을지 몰라도 누군가는 필요할지도 모른다. 누군가는 학교나 병원 혹은 비영리단체에서 일하기 때문에 사무용품 구입보다 봉사활동에 돈을 쓰는 편이 더 나은지도 모른다. 컴퓨터와 전자기기는 그런 조직에 특히 유용할 수 있다. 여기저기 전화를 돌려 남는 물건을 기부하라. 남는 물건에게 새로운 집을 찾아주느라 시간과 노력을 들이면 덕이 쌓인다. 기부 영수증을 잘 모아두었다가 가능하면 세금 공제를 받아라.

낡은 물건, 망가진 물건, 쓸모없는 물건을 치웠으니 남은 물건들을 신중하게 살펴보자. 소중한 물품을 결정하기 위해 힘든 질문들을 던져라. 다섯 가지 색상의 형광펜이나 여섯 가지 종류의 봉투가 정말로 필요할까? 날짜와 시간을 알아보는 방법이 몇 가지나 필요할까(시계와 컴퓨터, 휴대전화가 있는데 탁상시계와 달력이 굳이 필요할까)? 이 물건들은 대단치 않게 보일지 모르지만 하나둘씩 모이면 결국 책상에서 자리를 꽤 많이 차지할 수도 있다.

요즘 같은 시대에는 물건을 쟁여둘 필요가 없다. 필요한 물건은 무엇이든 동네 상점이나 인터넷을 통해 즉시 구할 수 있으니까. 마치 집 밖에 거대한 맞춤형 물품 보관실이 있는 것이나 마찬가지다. 자신이 편안하게 느끼는 적정한 수준을 찾아라. 종이나 잉크 카트리지 5년치가 쌓여 있어야 일을 할 수 있다면 그렇게 하라. 하지만 공간이 부족하거나 저장소가 아주 희박하다면 더 적은 물건으로도 잘 지내는 게 가능하다는 것을 알아두어라. 적어도 이건 즐거운 경험이다. 당신에게 클립이다 떨어진다고 해도 지구가 자전을 멈추지는 않을 테니까.

창의력을 조금만 발휘하면 당신도 사무용품의 수량을 줄일 수 있다. 노트북을 주 컴퓨터로 정하고 단독 데스크톱을 치워버리자. 세 가지 기계를 놓을 공간을 따로 마련하지 말고, 스캐닝과 복사 기능을 겸비한 프린터처럼 여러 가지 기능을 갖춘 기기를 선택하라. 최소한의 장비로 일을 끝내는 것에 도전하라.

마지막으로, 당신에게 있는 미니멀리스트의 힘을 모두 끌어 모아 서류 작업에 쏟아부어라. 이러한 목적을 위해 내가 적극적으로 추천하는 물품은 스캐너다. 스캐너는 스캐닝을 하고 나서 제거할 서류 뭉치들보다 공간을 적게 차지할 것이다. 이 놀라운 장비 없이 어떻게 살았을까, 생각하게 된다! 나는 신문 기사, 연하장, 편지, 고지서, 명세서, 설명서, 사진, 팸플릿 등 말하자면 그 안에 담긴 정보는 필요하지만 원본을 보관할 필요는 없는 것이면 무엇이든 디지털 형식으로 변환했다(물론, 디지털 잡동사니로 전락하게 만들지 않으려면 컴퓨터 파일도 부지런히 정리해야 한다). 하지만 스캐너에 너무 열광하기 전에 일부 항목들은 서류 사본을 언제나 보관해야 한다는 걸 이해하기 바란다. 구체적인 서류 보관 기관은 개인적인 상황과 세금, 법적 요구 사항, 각 지역의 일반적인 규칙에 따라 달라진다.

앞으로는 무언가를 인쇄하기 전에 시간을 들여 이렇게 곰곰이 생각해보라. 장차 처리해야 할 서류를 어째서 더 많이 만들어낼까? 이메일을 받은 편지함에 남겨두고 앞으로 참고할 수 있도록 웹 페이지를 즐겨찾기에 추가하라. 나중에 그 정보를 접할 수 없을까 하고 걱정이 되거든 PDF 파일로 만들어두자. 그렇게 하면, 하드 드라이브에 복사본이 있으므로 언제든 확인할 수 있다. 이 전략은 온라인 영수증과 입출금 내역서를 정리하는 데 최적이다. 다만, 데이터 손실을 방지하기 위해 정기적으로 파일을 백업해두자.

수납하기

어떤 물건이든 제자리가 있는 법, 물건은 모두 제자리에 두는 것이야말로 책상을 말끔하게 관리하는 유일무이한 최고의 방법이다. 서류철, 받는 우편물, 보내는 우편물, 카탈로그, 잡지, 영수증, 당신이 가지고 있는 모든 종류의 사무용품과 서류를 보관할 구체적인 장소를 정하라. 도움이 된다면 그 자리에 어떤 내용물이 담겨 있는지 기억할 수 있도록 보관용기와 서랍, 선반에 라벨을 붙여라.

물건을 모두 제자리에 두는 것이야말로
책상을 말끔하게 관리하는 최고의 방법이다.

일상적으로 자주 사용하는 용품과 현재 작업 중인 서류는 중심 자리에 넣어두어야 한다. 말하자면 펜, 연필, 클립, 봉투, 우표, 메모 용지, 수표장, 받는 우편물과 보내는 우편물을 비롯한 여러 가지 물건들을 손닿는 곳에 보관해야 한다는 뜻이다. 최근에 처리했고 다시 참고할 일이 있는 문서와 서류(가령 고지서, 영수증, 입출금 내역서, 연구 자료 등), 그리고 프린터 용지와 잉크 카트리지 같은 예비품은 가장자리에 놓인다. 오랫동안 혹은 무기한 보유해야 하는 서류는 깊숙한 수납 자리를 사용하라. 출생증명서, 결혼증명서, 졸업장, 증서, 소득신고서, 기타 꼭 필요한 법률 문서 및 금융 서류가 여기 해당한다. 이 품목들은 일반적으로 원본이 필요하므로 행여 디지털로 변환하거나 정리해버리겠다는 생각은 금물이다. 걸리적거리지 않도록 안전한 곳에 집어넣고, 대체하기 어려운 품목은 내화성 상자나 안전 금고에 보관하면 어떨까.

사무용품 모듈을 만들 때에는 종류별로 전용 보관함을 마련하라(비닐 지퍼백도 괜찮고 서랍 정리함에서 한 칸을 할당해도 좋다). 흩어져 있던 물건을 같은 종류끼리 한데 보관하면 찾는 시간이 한결 단축될 뿐 아니라 여분이 얼마나 되는지도 금세 파악할 수 있다. 연필 30자루를 한 자리에 모아두면 한 종류의 물건을 그렇게 많이 가지고 있는 게 얼마나 불합리한지 깨닫게 된다.

아니면, 사무용품을 일의 종류에 따라 정리해도 좋다. 정기적으로 처리해야 할 일에 꼭 필요한 용품을 확실히 갖추어 생산성을 끌어올릴 수 있다. 가령, 요금 지불 모듈을 만들어 수표책과 봉투, 우표, 펜을 보관한다거나 세금 신고 모듈을 만들어 그 해의 관련 문서와 영수증을 모두 모아두기도 하고, 아니면 프로젝트 모듈을 만들어 특정한 사무나 연구, 글쓰기에 필요한 서류와 자료를 보관하는 식이다.

모듈을 만들고 한도를 정하면 문서 혹은 서류의 수량도 관리할 수 있다. 서류를 조금씩 정리해 보관하기를 반복하다 보면 어떤 상황이 벌어질지 뻔하다. 결국은 서류철들이 내용물로 꽉 차서 불룩해지고, 서류철 안에 또 서류철들이 잔뜩 들어차게 된다. 게다가 알지도 못하는 사이에 우리는 서류 정리함을 추가로 구입하고 있다. 서류 정리 작업은 양방향 도로여야 한다. 말하자면 물건이 안으로 들어오는 동시에 밖으로 나가야 한다는 뜻이다. 그렇게 하기 위해 주제별로 서류철 하나에 보관할 서류의 수량을 제한하면 좋다. 그리고 서류철이 너무 불룩해지면 내용물을 솎아내야 한다. 하나가 들어오면 하나가 나간다는 규칙을 활용하면 서류 관리가 한결 더 수월해진다. 즉, 새로운 영수증이나 입출금 내역서를 철하여 보관할 때에는 가장 오래된 것은 버려야 한다(세금 신고, 재정 혹은 법률적인 목적으로 사용할 일이 없다고 여길 때).

만약 전용 작업 공간이 없다면 서재 전체가 모듈이 될 수도 있다. 누구나 서재로 사용할 수 있는 여분의 침실이나 식당을 갖추고 있지는 않다. 어떤 사람들은 거실 한쪽 구석의 책상으로 밀려나기도 하고 또 어떤 사람들은 작은 손가방이나 플라스틱 통 안에 '사무실' 전체를 넣어 다니며 이용할 수 있는 표면은 무엇이든 공용 업무 공간으로 활용한다. 사무용품과 서류, 장비를 휴대용 용기 하나에 다 담을 정도로 줄일 수 있다면 얼마나 근사할까? 그러면 태양이 밝게 빛나고 새들이 짹짹 지저귀는 날, 집 앞 현관이나 뒷마당 혹은 동네 공원에서 업무를 할 수 있다. 그야말로 미니멀리스트가 꿈꾸는 장면이다!

관리하기

서재에서 '표면을 항상 깨끗이' 관리하는 것은 무엇보다 중요한 일이다. 당신의 책상을 공용 업무 공간으로 생각하고 하루의 업무를 마무리 지을 때면 책상 위를 깨끗이 치우

자. 내일 다른 사람이 와서 그 책상을 사용할 것처럼 말이다. 사무용품은 책상 위에 이리저리 늘어놓지 말고 서랍이나 보관함에 넣어두자. 새로 반입되는 신문과 우편물을 넣어둘 스탠딩형 혹은 벽걸이형 선반을 설치하고 메모와 카드, 쪽지, 신문 스크랩이 작업 공간을 침범하지 않도록 게시판에 붙여놓자.

그리고 주의하자! 수평 공간이 아주 조금이라도 생기면 금세 물건이 쌓이기 시작한다. 나는 선반과 서류 정리함, 창틀, 프린터, 스캐너, 의자, 전기스탠드, 상자, 화분 위에 종이와 문구용품 한 무더기가 놓인 것을 종종 보았다. 제발, 주변을 '종이로 도배'하려는 충동을 억제하라. 아무 체계가 없이 뒤죽박죽 섞여버려 물건을 찾는 게 거의 불가능해진다. 표면이 말끔하면 눈도 즐거울 뿐 아니라 정신에도 이롭다. 더 명쾌하게 생각하고 엉뚱한 데 시선을 빼앗기지 않고 한층 생산적으로 일할 줄 알게 된다.

나는 저장 공간을 추가로 마련하는 것보다는 엄격한 기준으로 잡동사니를 정리해서 처분하라고 주로 권하는 편이다. 하지만 공간이 정말로 부족하다면, 서류 더미를 헤치고 나아가야 겨우 책상에 도달하는 것보다는 서류 정리함을 하나 더 장만하는 편이 낫다.

미니멀리스트의 서재를 유지하는 한 가지 포인트는 유입물을 조절하는 것이다. 이 문제는 전적으로 우리 손에 달려 있어서, 문을 닫아서 물건의 유입을 효과적으로 차단할 수 있다. 이 쇄도하는 우편물을 저지하기 위해 집중적으로 노력해보자.

각종 신용카드 및 보험 가입 권유 우편물이 배달되지 못하게 막을 수도 있다. 그렇게 조치하고 나면 회사들이 당신의 신용 상태를 확인해보고 사전 승인된 카드나 보험을 더 이상 제안하지 못한다. 이외에도 '우편물 수신 거부'를 신청해도 된다. 은행의 입출금 내역서와 신용카드 명세서에 기재된 개인정보보호정책을 자세히 살펴보라. 제공된 번호로 전화를 걸어서 해당 금융회사나 협력 기업들의 홍보물을 받고 싶지 않다고 말하라.

이제부터는 당신의 이름과 주소를 극비사항처럼 보호하라. 매장에서 진행하는 고객 보상 프로그램이나 할인 카드를 신청하지 말고 계산대에서 정보 제공을 거절하라. 각종 설문 조사와 경품 혹은 추첨 행사에 참여하지 마라. 대부분의 경우 이런 행사들은 마케터들이 당신의 개인 정보를 빼내가는 교활한 방법들이다. 신문과 잡지를 정기구독하지 말고 인터넷으로 읽어라. 그리고 어떠한 경우에도 카탈로그를 신청하지 마라. 한 곳에 카탈로그를 신청하면 연말쯤에는 30군데의 회사로부터 카탈로그를 받아보고 있을 것이다.

위에서 제시한 전략을 따르면 당신이 신청하지 않은 우편물의 대부분이 차단된다. 원한다면, 당신이 거래하는 기업들이 보내는 우편물도 금지시키고 그 대신 전자 통신으로 대체하겠다고 선택할 수도 있다. 예를 들어, 인터넷 고지서를 신청하면 된다. 심지어 요금이 은행에서 자동 이체되도록 설정할 수도 있다. 이와 마찬가지로, 은행의 입출금 내역서와 신용카드 명세서를 이메일로 받겠다고 신청하면 된다.

서재는 역동적인 공간이어서 날마다 들어오는 물건과 나가는 물건, 이리저리 굴러다니는 물건이 있다. 그러므로 대대적인 정리정돈이 끝났다고 손을 털어버릴 수도 없는 노릇이다. 이 구역을 가지런하게 유지하려면 지속적으로 주의를 기울여야 한다.

그 목적을 달성하기 위해서는 훌륭한 문지기가 되어야 한다. 재활용 쓰레기통을 현관 옆에 설치하고 카탈로그, 광고 전단, 테이크아웃 메뉴를 비롯해 기타 광고 우편물이 아예 집 안에 발을 들이지 못하게 하라. 서재에 진입하는 데 성공한 우편물은 책상 위에 차곡차곡 쌓아두지 말고 하나씩 열어보고 즉시 처리하라. 신용카드 회원 모집 안내지, 개인 정보가 포함된 기타 쓸데없는 서류는 파기하라. 반드시 보관해야할 서류는 스캔하거나 철해서 잘 넣어두어라. 대금을 납부할 고지서, 조치를 취해야 할 문서, 책상 위의 적절한 서류함이나 칸을 살펴보아야 할 정보는 분류 작업을 해라. 이상적인 시스템을 갖추었다면 낱낱의 서류가 한 번에 해결될 것이다.

하루 업무를 끝마치거든 사무용품과 서류를 모두 정해진 자리와 적절한 서류철에 되돌려놓아라. 만약 한데 같이 보관하는 편이 훨씬 효율적이라면 특정한 프로젝트를 위한 '작업' 모듈을 만들어라. 책상 위에 어지럽게 흩어놓는 것보다는 용기에 넣어두는 편이 낫다. 그리고 혹시 집 안의 다른 공간에서 이리 넘어온 물건이 없는지 세심히 살펴보라. 자녀의 숙제, 배우자의 소설책, 강아지가 물고 노는 장난감 등이 눈에 띄거든, 행여 이곳에 둥지를 틀기 전에 각자의 주인에게 돌려주어라. 당신의 물건만 해도 신경 쓸 일은 차고 넘친다.

일상적인 관리를 하면 책상이 항시 깨끗하고 물건들이 잘 통제될 것이다. 그러나 서류들은 정기적으로 솎아내줄 필요가 있다. 하나가 들어오면 하나가 나간다는 규칙을 잘 지키려고 해도 '들어오는' 물건이 '나가는' 물건보다 여전히 더 많기 십상이다. 매달 혹은 계절에 한 번씩 서류철을 면밀히 검토해보고 더 이상 필요 없는 것들은 던져버려라. 여기서 그치지 말고, 1년에 한 번씩 철저한 솎아내기 작업을 실시해 낡은 것을 말끔히 치워 새로운 것에게 자리를 내주어라. 이런 작업 일정은 가급적 1월 초로 잡아서 새해를 산뜻하게 출발하기를 권한다.

25

주방
: 요리는 탁 트인 공간에서 더욱 맛있어진다

집에서 가장 기능적인 공간이 어디냐는 질문을 받으면 대부분의 사람들은 주방이라고 대답할 것이다. 결국 주방이란 우리의 몸을 지탱시켜주는 음식을 보관하고 준비하고 차리며 종종 먹기도 하는 장소니까. 또한 가족들이 즐겨 모이는 장소이기도 하다. 주방이 우리의 삶에서 얼마나 중요한 역할을 담당하는지 고려해보면 그 안에 엄청나게 많은 물건들이 들어차 있는 것도 당연하다! 하지만 물건이 너무 많으면 공간의 기능성이 떨어질 뿐 아니라, 즐거운 기분으로 작업을 하고 오랜 시간을 보내기가 힘들어진다. 그러므로 주방의 물건을 어떻게 줄일 수 있을지 살펴보고, 이 공간을 가능한 간소하게 정리정돈된 공간으로 만들어보자.

주방 전시장이나 인테리어 전문 잡지에서 우리의 마음을 사로잡는 것은 최고급 주방 가전이나 특별한 조리대 혹은 화려한 싱크대 상하부장 세트가 아니라, 바로 공간이다! 전시된 주방은 하나같이 깨끗하고 넓으며 잡동사니가 없을 뿐 아니라 주방 가전과 식기류들이 얼마 구비되어 있지 않다. 그런 이유로 그렇게 멋지고 근사하게 보이는 것이다. 그래도 반가운 소식은, 이런 모습을 갖추기 위해 막대한 돈을 들여 주방 개보수 공사를 할 필요는 없다는 점이다. 단지 잡동사니를 제거하는 것만으로도 주방을 완전히 새로 단장할 수 있다.

다시 시작하려면 서랍과 상하부장, 찬장, 선반을 차례로 모두 비워라. 늘 그렇듯이 기존의 자리로 되돌려 놓을 것이 '분명하다'는 이유로 물건을 그 자리에 남겨둘 생각을 해서는 안 된다. 모든 물건을 치워서 문제의 장소를 싹 비워라. 접시와 커피 잔, 유리잔, 스푼, 포크, 나이프, 속이 깊은 냄비와 얕은 냄비, 조리 보조 기구, 주방 가전, 식품, 호일, 일 회용 포장 용기를 비롯해 '잡동사니' 서랍의 내용물까지 모두 꺼내라는 뜻이다. 잊지 말아라. 여기서 핵심은 없애버릴 물건을 선택하는 게 아니라 보관할 물건을 선택하는 것이다. 일단 물건을 모두 꺼내놓았으면 꼼꼼하게 살펴보고 가장 좋고 가장 유용하며 가장 중요한 품목들만 제자리로 돌려놓자. 잡지의 특집 기사에서 보았던 근사한 주방을 새로 꾸미는 중이라고 가정해보자. 당신의 주방이 그보다 조금이라도 못할 이유가 어디 있단 말인가!

이 방법을 통해 예기치 않은 특별한 즐거움을 맛볼 수 있다. 주방 수납장들을 깨끗이 닦을 절호의 기회가 생기기 때문이다. 가구 표면을 항상 반짝반짝 잘 닦아둘 줄 안다 해도 수납장 안쪽은 잊어버리기 일쑤다. 그러므로 잡동사니를 제거하는 동시에 더러운 먼지도 제거하자. 가구 안쪽을 먼지한 톨 없이 닦고 나면 진정한 의미의 새 출발을 할 것이다.

분류 및 정리

주방을 깨끗이 치우다 보면 버릴 것으로 분류할 만한 품목을 많이 발견할 것이다. 식료품 저장실의 물품을 최근에 솎아내지 않았다면 치워야 할 품목은 주로 음식일 것이다. 손에 닿는 음식은 하나도 **빼놓지** 말고 유통기한을 확인하고 상했거나 유통기한이 지났거나, 그렇지 않더라도 최적의 상태가 아닌 것은 무엇이든 폐기해야 한다. 특히, 구입한 지 얼마나 오래되었는지, 혹은 마지막으로 사용한 게 언제인지 정확히 기억나지 않다면 더 말할 것도 없다.

그밖에도 주방에는 버릴 것이 더 숨어 있을지 모른다. 예를 들면 이가 나간 접시, 금이 간 유리잔 등이다. 음식을 다룰 때에는 당연히 정성을 다하고 손상되지 않은 식기에 담아라. 망가진 식기류를 훗날을 대비해 남겨두지 마라. 망가진 조리 보조 기구와 주방 가전도 처분해라. 아직까지 수리하려고 노력하지 않았다면 그 물건들이 없어도 분명 잘 살아갈수 있다는 뜻이니까.

넘겨줄 품목에는 당신이 아닌 다른 사람에게 유용한 물건이 모두 포함된다. 이런저런 이유로 우리는 실제로 필요하거나 날마다 사용하는 것보다 훨씬 많은 양의 주방용품을 쌓아두는 편이다. 그중 어떤 물품은 결혼식이나 집들이를 빌미로, 또 어떤 물품은 충동구매로 인해 우리의 삶 속으로 들어온다. 어떤 품목은 구매할 당시에는 실용적으로 보였는지 몰라도 막상 사용해보면 너무 번거롭거나 시간을 많이 잡아먹어 우리의 생활방식에 맞지 않는다. 그러니 자신에게 맞지 않는 파스타 기계나 아이스크림 제조기는 진가를 알아볼 만한 사람에게 넘겨라. 물건을 분류할 때에는 자신에게 솔직해져야 한다.

<blockquote>
넘겨줄 품목에는

당신이 아닌 다른 사람에게 유용한 물건이

모두 포함된다.
</blockquote>

식품도 넘겨줄 품목으로 분류할 수 있다는 사실을 기억해두자. 우리의 입맛과 식단의 필수 식품이 그때그때 달라지므로 일부 식품은 우리가 먹고 싶어 하기 전에 유통기한이 끝나버리기도 한다.

우리는 '언젠가 필요할지도 모른다'는 걱정으로 인해 이들을 솎아내는 데 어려움을 겪기도 한다(그리고 집에서 쫓아낸 바로 다음 날 그 물건들이 필요할 것이라고 확신한다). 그럴 경우, 잠시 보류 상자를 만들어라. 자주 사용하지 않지만 조만간 사용할지 모른다고 생각하는 물건들을 그 안에 넣어라. 이를테면 제빵기, 머핀 틀, 복잡한 케이크 장식 도구가 여기에 해당된다. 상자에 날짜를 적어두고 특정한 기간이 지나도록(가령, 6개월이나 1년 정도) 상자에서 꺼내지 않은 물품들은 모조리 기부하기로 하자. 당장 결정하기 애매한 물품들을 해결하기 좋은 방법이다.

주방은 물건들에 관한 질문을 던지기에 딱 좋은 장소다. 이 물건의 정체는 뭐고 어떤 기능이 있지? 물어볼 필요도 없이 당연히 알고 있어야 할 내용이지만 솔직히 인정하자면 때때로 우리는 짐작조차 하지 못한다. 요즘은 각종 조리 보조 도구가 각각 목적에 맞게 다양하게 출시되고 있기 때문이다. 구매할 당시에는 파인애플 심지 제거기나 페이스트리 휠(페이스트리 반죽을 자르거나 모양을 낼 때 쓰는 조리 도구—옮긴이)이 꼭 필요한 물건처럼 보였겠지만, 몇 년 지난 뒤에 우리는 그 정체를 알아보지 못할 수도 있다. 이런 식의 작은 미스터리는 그리 달갑지 않다. 쓰임새를 알지 못하는 물건이라면 누가 뭐래도 주방에 꼭 필요한 게 아니라는 뜻이다.

"이 물건을 얼마나 자주 사용하지?" 그야말로 백만 달러짜리 질문이다! '날마다' 혹은 '일주일에 한 번'이라고 대답하는 품목들은 수납장 속으로 다시 들어갈 수 있다. 하지만 칠면조 찜기를 고작 1년에 한 번밖에 쓰지 않는다고 해서 없애버려야 한다는 뜻은 아니다. 다만, 용도와 사용 빈도를 알고 있으니 어디에 보관해야 할지 결정하는 데 도움이 된다. 1년에 한 번도 안 쓰는 품목들은 조금 고민해볼 필요가 있다. 정말로 그만큼의 공간을 차지할 만한 가치가 있을까?

이 물건 덕분에 내 삶이 조금 더 편해질까? 물론, 냄비로 밥을 짓고 주전자로 물을 끓일 수도 있지만 전기밥솥과 전기 주전자가 있으면 생활이 한결 편리해지는 건 사실이다. 그러므로 이 물건들은 내 주방에서 자리를 차지할 자격이 있다. 그에 비해, 카푸치노 머신은 처분하기로 했다. 청소하기를 무척 싫어하는 데다 밖에서 한 잔 사 마시는 편이 한층 더 즐겁다고 생각했기 때문이다. 만약 설치나 사용 혹은 청소가 어렵게 느껴지는 물건이 있다면 포기를 고려해볼 만하다.

똑같은 물건을 두 개 이상 가지고 있나? 주방용품은 마치 개수가 저절로 늘어나는 것처럼 보인다는 점에서 사무용품과 비슷하다. 손재주가 아무리 좋은 사람이라고 해도 감자칼이나 통조림 따개를 한 번에 두 개씩 사용할 수는 없다. 더욱이, 날이 무뎌지거나 망가지더라도 쉽게 다시 구매할 수 있는 품목이다. 겹치는 물건을 하나 버리고 보다 유용한 물건이 들어올 자리를 마련해두자.

부담스러울 정도로 좋아서 쓰지 못하는 물건이 있는가?

장담컨대, 이런 질문이 날아올 줄은 몰랐을 거다! 혼수로 장만한 도자기 그릇과 가보로 물려받은 은식기는 한 번 사용하지도 않으면서 집 안에 모셔두고 있으니 꽤 대단한 취급을 받는 셈이다. 대부분의 경우, 틀린 말은 아니다. 식당 장식장 안에 고이 간직해둔 채 밖으로 꺼내는 경우가 거의 없기 때문이다. 우리는 마음이 너무 약해서 그 물건들을 없애지도 못하고, 겁이 너무 많아서 사용하지도 못한다(혹여 망가뜨리거나 잃어버리지나 하지 않도록 말이다). 여기서 과격한 제안을 하나 해볼까? 도자기 그릇과 은식기를 딱 1~2인용만 남겨두고, 장식품으로 활용하거나 촛불을 켜고 배우자와 낭만적인 저녁식사를 할 때 꺼내 쓰는 거다.

우리 부부가 식사를 준비하는 데 필요한 냄비는 딱 네 가지다. 커다란 프라이팬, 자루 냄비, 파스타 냄비, 그리고 오븐 팬. 소형 주방 가전 및 용품도 전자레인지와 주전자, 전기밥솥, 커피메이커 대신에 프렌치 프레스(유리관 안에 커피 가루와 뜨거운 물을 부은 뒤 필터로 눌러 짜내는 수동식 커피 추출기구—옮긴이)로 제한한다.

'적정 수준'을 결정하고 그에 맞게 주방용품을 줄이는 것은 전적으로 당신이 결정할 문제다. 그러기 위해서는 한 가지 용도보다는 다양한 기능을 가진 제품을 선택하는 편이 좋다. 체리 피터(체리씨를 바르는 기구―옮긴이), 멜론 볼러 (과일을 동그랗게 파낼 때 사용하는 도구―옮긴이), 베이글 슬라이서(베이글을 정확히 반으로 자를 수 있게 만든 도구―옮긴이), 피젤 틀(이탈리아의 전통 쿠키인 피젤을 굽는 틀―옮긴이), 로브스터 가위 같은 용품들은 대체로 주방 수납장에서 공간을 차지할 만한 가치가 없다. 이런 제품 대신에 다양한 용도로 활용할 수 있는 단순한 도구를 즐겨 쓰면 어떨까? 그런 의미에서, 프라이팬과 자루 냄비를 크기별로 다 갖출 필요는 없다. 흔히 사용하는 크기로 한두 개 정도면 충분하다.

이와 마찬가지로, 특별한 크기와 모양을 가진 식기를 계속 장만하지 말고(이를테면, 삶은 달걀을 담는 에그 컵이나 회전용 접시) 다양하게 활용할 수 있는 다목적 접시를 선택하라. '특별한 날' 쓰는 도자기와 '평상시'에 쓰는 도자기를 따로 구비하지 말고 한 세트만 골라서 언제든 사용하도록 하자. 유리잔의 수도 줄이자. 식당을 운영하는 게 아니라면 와인 잔, 샴페인 잔, 위스키 잔, 맥주 잔, 마티니 잔, 물 잔, 주스 잔 등 음료와 주류의 종류에 맞춰 모든 잔을 갖출 필요는 없다.

당신의 주방을 간소하게 정리하는 동안 마음에 새겨두어야 할 것이 있다. 바로, 어떤 문화권에서는 가장 단순한 도구만으로도 엄청나게 많은 요리를 만들어낸다는 점이다. 맛있고 만족스러운 음식은 수납장 안에 넣어둔 주방용품이 아니라 우리가 주방에서 발휘하는 창의력으로 만들어진다. 좋은 음식은 고급스러운 그릇이나 복잡한 국자나 주걱이 아니라 두 손과 마음에서 탄생한다. 그리고 불가의 승려라면 누구나 이렇게 말하겠지만, 좋은 음식이란 질박한 그릇 하나에 담아도 흡족히 즐길 수 있다.

수납하기

주방용품을 말끔하고 효율적으로 정리하기 위해서는, 재료를 다듬고 요리를 하고 음식을 차리고 식사를 하고 설거지를 하며 음식물 쓰레기를 처리하는 등의 부엌일을 어디에서 하고 관련 도구 및 기구를 어디에 넣어둘 건지 정해야 한다. 예컨대, 칼은 재료를 자르는 자리에 보관하고 냄비는 가스 혹은 전기 스토브 가까이에 두며 주방세제는 싱크대 밑에 넣어둔다. 각종 청구서를 지불하는 등의 잡다한 일은 장소를 정해두고 해야 펜이 조리대 위에 쌓이거나 양념 서랍 속으로 기어들어가지 않는다.

마지막 하나의 품목까지 보관 장소를 구체적으로 정해두자. 접시는 차곡차곡 세심히 쌓아올리고, 컵과 유리잔은 일렬로 가지런히 세워야 한다. 포크와 나이프, 숟가락, 냄비, 프라이팬, 조리 기구는 모두 보관 장소를 지정해야 한다. 도움이 된다면, 당신과 가족들이 모든 물건의 보관 위치를 정확히 기억할 수 있도록 작은 라벨을 붙이자.

주방용품들을 중심 자리와 가장자리, 깊숙한 수납 자리에 나누어 넣자. 중심 자리에는 꼬박꼬박 사용하는 접시, 컵류, 냄비, 프라이팬, 조리 도구, 조리 보조 기구, 주방 가전 그리고 식품을 수납해야 한다. 그들에게 가장 꺼내기 쉬운 자리를 배정해주어라. 커피 머그를 꺼내려고 사다리에 올라가거나, 과도를 가지러 방을 가로질러 갈 일이 없도록 하라. 수납장의 높은 칸과 낮은 쪽 서랍, 깊숙한 구석 같은 가장자리에는 일주일에 한 번 이상 쓰지 않지만 1년에 한 번 이상은 사용하는 물품을 넣어두자. 이 자리를 배정받을 만한 품목으로는 케이크 팬, 슬로 쿠커(저온으로 천천히 음식을 익히는 일종의 전기 찜기—옮긴이), 채소 탈수기, 와플 팬, 쿠키 팬 등이 있다.

깊숙한 수납 자리에는 1년에 한 번 미만 사용하는 품목들이 해당된다. 이를테면 칠면조 구이 팬, 펀치(술에 설탕, 우유, 레몬, 향료를 넣은 음료—옮긴이) 볼, 소스 보트(소스를 담는 납작한 배 모양의 그릇—옮긴이), 수플레(계란 흰자로 만든 거품에 치즈, 감자 등의 재료를 넣어 구운 요리—옮긴이) 접시, 디저트 스탠드(한 개 이상의 접시를 단으로 쌓아 디저트를 담는 그릇—옮긴이), 특별할 때 쓰는 고급 식탁보 등이다. 이 물건들은 주방이나 식당의 가장 높은 자리, 가장 낮은 자리, 그리고 손이 닿기 어려운 가장 먼 자리에 보관한다.

모듈은 동일한 물건이 많고 여분의 재료가 흔한 주방에서 특히 유용하다. 모듈을 만들어두면 어떤 품목들이 시간이 흐르면서(종종 우리가 알아채지도 못하는 사이에) 점차 늘어나는지 알 수 있다. 그러면 우리는 이렇게 질문하게 된다. "우리는 4인 가족인데 어째서 음료수 잔이 18개나 될까?" "20벌이나 되는 젓가락을 다 쓰기나 할까?" "도대체 육류용 온도

계 두 개, 코르크 스크루 세 개, 혹은 계피 네 단지가 왜 필요할까?" 중복되는 물건들을 가려내는 작업은 빠르고 쉽다. 결정을 내리려고 쩔쩔매거나 그 물건 없이 어찌 지낼까 걱정할 필요는 없다(어쨌거나 여전히 하나가 우리 수중에 있으니까).

모듈을 만들다 보면 대부분의 사람들은 실제로 필요한 개수보다 훨씬 더 많은 식기가 집에 있다는 걸 알게 된다. 어째서 그럴까? 식기 한 세트를 새로 사더라도 낡은 식기를 버리는 경우가 거의 없기 때문이다. 낡은 식기도 아직 멀쩡하므로(필요해서가 아니라 새로운 걸 갖고 싶어서 바꾸기 때문이다) 여분의 식기가 필요한 경우를 '대비해' 수납장 깊숙한 곳에 넣어두게 된다. 또 다른 경우로, 우리는 새로운 그릇을 물려받거나 선물로 받고 나면 집에 고이 모셔두어야 한다는 모종의 의무감을 느낀다. 이때 접시, 컵, 공기 및 대접, 유리잔, 조리 도구의 수를 가족 인원수에 맞춰 제한하면 어떨까? 가장 최신이거나 가장 좋거나, 아니면 가장 예쁜 그릇들만 남겨두고 낡은 그릇을 처분해 새로운 그릇이 들어올 자리를 마련하자.

아하, 당신은 지금 손님이 오면 어떻게 하냐고 말하고 싶었을 거다! 물건을 가려내는 작업을 할 때 자신의 손님 초대

습관을 고려하자. 정기적으로 초대하는 손님이 최대 몇 명인지 알아내고 그 인원을 대접할 만큼의 식기를 남겨두자. 그보다 대규모의 파티를 여는 경우가 극히 드물다면, 필요한 식기를 빌리면 된다.

특정 요리를 더 잘 설명한 요리책이나
더 좋은 조리법을 찾아내거든
기존 것은 손에서 놓자.

주방 가전과 조리 보조 기구를 자주 사용하는 것으로 제한하고 더 좋은 제품을 새로 구입하거든 오래된 것은 처분하자. 아주 오래된 토스터, 믹서, 커피 메이커 등으로 찬장을 어지럽게 만들지 말자. 젊은 부부나 대학생에게 주면 정말 기뻐할 것이다. 그리고 여기저기 늘어놓은 플라스틱 용기들은 개수에 제한을 둘 필요가 있다. 몇 개만 골라서 간직하고 나머지는 재활용함에 넣자.

안타깝지만, 주방을 완벽하게 만들고 싶다면 그 유명한 '잡동사니' 서랍이 반드시 필요하다. 이 장소에는 일회용 케첩, 테이크아웃 메뉴판, 배터리, 생일 케이크 초, 철사끈, 양초, 바느질 바늘, 가위, 플라스틱 조리 도구를 비롯해 크기가 너무 작거나 개수가 적거나 아니면 분류하기가 마땅치 않은 물건들이 모두 들어간다. 이 뒤범벅이 된 물건들을 어떻게 처리하면 좋을까? 하나도 남김없이 가치를 어림해보고 '주방 도구' 모듈에 해당되는 품목들을 한데 모아라. 이와 관련된 품목들은 지퍼 백이나 서랍 정리 트레이의 한 칸에 넣어둔다. 이 물건이 하나같이 즉시 이용할 수 있고 정체를 쉽게 알아볼 수 있으며 정말로 유용하다면 '잡동사니'라는 라벨을 붙일 필요가 없다.

마지막으로, 조리법과 요리책에 관해 이야기해보자. 이들은 집 밖으로 나가는 것보다 집 안으로 들어오는 게 훨씬 더 많다. 시간을 두고 꾸준히 개수가 증가하며 다른 제품으로 교체하는 경우도 극히 드물다. 집에 소장하는 물건들만 더 늘어날 뿐이다. 자신도 알아차리지 못하는 사이, 요리할 수 있는 날짜보다 조리법의 수가 더 많아진다! 조리법을 모조리 보관하지 말고 새로운 것만 선택하라. 특정 요리를 더 잘 설명한 요리책이나 더 나은 조리법을 찾아내거든 기존 것은 손에서 놓자. 소장한 요리책 및 소장품을 그대로 유지하는 것보다는 역동적으로 변화시켜보면 어떨까? 시간이 흐름에 따라 달라지는 입맛과 식단에 맞게 서서히 발전시키라는 것이다.

관리하기

주방은 활동의 중심지로, 평소 관리만이 아니라 종일 관리도 반드시 필요하다!

물건들을 훤히 파악해놓지 않으면 주방은 몇 시간 안에 통제 불능의 상태에 빠져들지도 모른다. 더러운 접시와 냄비, 프라이팬이 싱크대에 쌓이고 음식과 조리 보조 도구, 포장지가 조리대 위에 수북해진다. 청구서, 숙제, 신문이 식탁 위에 그득해지고 장난감, 배낭, 쇼핑백이 바닥 위에 들어차며 먹다 남은 음식들이 냉장고 안에 넘쳐나게 된다. 대개, 식구가 많은 가정일수록 결국 주방행이 되는 물건들이 많아지는 법이다. 그러다 보면 잡동사니가 감당할 수 없을 정도로 불어나서 주방에서 식사를 준비할 수도 먹을 수도 없는 지경에 이르기도 한다. 만약 식재료를 씻고, 잘게 자르고, 얇게 저미고, 깍둑 썰고, 필요 없는 부분을 잘라내며 껍질을 벗길 공간이 없으면 냉동식품을 전자레인지에 돌려먹거나 나가서 포장 음식을 사올 가능성이 커진다.

잡동사니에 깜빡 속아 넘어가 건강한 가정식을 먹지 못하는 불상사가 일어나지 않게 하라. 그뿐만 아니라, 식사를 한 뒤에는 항상 뒷정리를 깨끗이 해야 한다. 요리가 완성되면 그 즉시 조리 보조 기구와 주방용품, 재료를 치우자. 식사가 끝나고 나면 식탁이나 조리대 위의 남은 음식이나 도구는 말끔히 치워야 한다. 그릇은 사용한 즉시 설거지하거나 식기세척기에 넣어라. 다음 끼니를 준비하려고 할 때 일거리가 잔뜩 쌓인 걸 보느니 식사를 하고 나서 잠시 시간을 들여 치우는 편이 낫다. 더러운 그릇이 수북이 쌓여 있으면 요리할 맛이 싹 달아날 수도 있다. 그러니 한 가지 규칙을 지키며 살려고 노력해보자. 즉, 그릇을 설거지통에 넣어둔 채 주방을 나서지 말란 말이다(최소한, 잠자리에 들기 전에는 무조건 설거지를 끝내라). 매일 새롭게 시작하는 것도 근사하지만, 매 끼니마다 새롭게 시작하는 건 더욱 근사하다!

주방은 오랫동안 집의 중심지, 다시 말해 가족들이 모여 귀중한 시간을 보내는 장소로 평가받아왔다. 다만, 활기가 넘치는 신나는 곳이다 보니 조리대는 마치 자석처럼 온갖 잡동사니를 끌어당긴다. 가족 누구든 장난감이나 책, 신문, 우편물을 주방으로 들여왔다면 주방을 나설 때에도 그 물건을 그대로 들고 나가야 한다고 확실히 일러두어라.

주방은 활동의 중심지로,

평소 관리만이 아니라

종일 관리도 반드시 필요하다!

마지막으로, 주방은 어수선한 물건을 하루에 하나씩 정리하기 좋은 장소다. 이 방에는 어제 신문이든, 지난주에 먹다 남은 음식이든, 아니면 뭐가 되었든 간에 밖으로 내보낼 품목이 항상 생겨난다. 그러므로 유통기한이 지난 식품(혹은 먹고 싶은 마음이 전혀 들지 않는 품목)이 있는지 냉장실과 냉동실, 식품 보관 선반을 정기적으로 살펴보고 발견하는 즉시 처리하는 습관을 기르면 좋겠다. 날마다 적어도 한 가지 물품을 솎아내겠다고 약속하라. 상한 음식, 여분의 커피 머그, 세트 가운데 하나만 남은 조리도구, 짝이 맞지 않는 접시, 잘 쓰지 않는 주방잡화 등 무엇이든 관계없다. 잡동사니 서랍 하나에만 매달린다 해도 아마 1년은 계속할 수 있을 거다. 이렇게 한번 생각해보라. 하루하루 지날 때마다 실제로 찬장이 점점 더 넓어진다고!

26

욕실
: 위생을 위해 표면은 항상 깨끗이!

이제 좀 쉬운 걸 해볼까? 우리가 배운 미니멀리스트 전략들
을 이용해 욕실을 아름답게 꾸며보자. 일반적으로 욕실은 집
안에서 크기가 가장 작은 방이고 수납공간도 가장 적다. 거
실, 서재, 주방과 비교하면 욕실을 간소하게 정리정돈하는
건 무척 쉬운 일이다! 약간의 노력과 몇 가지 사소한 습관만
들이면 양치질 하는 동안 당신의 영혼을 달래주는 공간을 창
조할 수 있다.

　다른 방에서 어수선한 물건들을 정리할 때에는 작업을 세
분화해서 진행하는 경우가 많았다. 그와 반대로, 욕실은 크

기가 아주 작기 때문에 정리하기가 한결 수월하다. 곧, 한꺼번에 덤벼볼 만한 일이란 거다. 우리는 욕실에 얼마나 많은 물건을 채워 넣을지가 아니라, 그 안에서 꼭 필요한 물건이 얼마나 적은지 결정하려고 고심하는 중이다. 우리의 목표는 고요한 스파 같은 부위기를 연출하는 것이다.

첫째, 눈을 감고 당신이 꿈꾸는 이상적인 미니멀리스트의 욕실을 그려보라. 세면대 위의 선반이 깨끗이 비워져 헤어스프레이나 마스카라 같은 물건이 전혀 보이지 않는다고 상상하라. 보기 좋게 텅 빈 바닥을 둘러보라. 구석에 수건이 그득 쌓이지도, 세면대 아래에 여분의 욕실용품이 빼곡히 들어차지도 않았다. 반짝거리는 표면 서랍과 약장 문을 열고 줄 맞춰 가지런히 진열된 세면도구와 화장품 및 미용 용품을 보고 깊이 탄복하라. 장소에 어울리지 않는 물건이라곤 단 하나도 찾아볼 수 없고 공간 부족으로 제자리를 잡지 못해 서로 엉키거나 밖으로 삐져나온 물건도 없다. 세면대 위 선반을 장식한 양초나 난초 한 송이를 가만히 바라보라. 이렇게 편안하고 아늑한 공간이라면 하루 종일이라도 머물 수 있다.

그러면 이제 이런 상상을 현실로 만들어보자! 다른 방을 정돈했듯이 욕실의 서랍과 선반, 수납장을 싹 비워 처음부터 다시 시작하라. 세면대 위의 선반에 있는 물건들을 모두 치워라. 욕조나 샤워 부스도 잊으면 안 된다. 비누와 샴푸, 면도 크림, 면도기, 작은 상자들도 챙겨 나와라. 욕실의 물건들을 모두 들고 나와서 침실 바닥이나 식당의 탁자 위에 펼쳐두고 살펴보자. 어수선한 공간을 한층 더 효율적으로 정리하기 위해서는 물건을 평소 두던 자리에서 꺼내 주변 정황을 무시한 채 그 자체로 평가해야 한다. 필요한 물건이 정확히 어느 것인지 결정이 되거든 하나씩 제자리로 돌려놓으면 된다.

분류 및 정리

물건을 버릴 것, 소중한 것, 넘겨줄 것으로 분류할 때에는 하루 일과를 차근차근 살펴보아야 한다. 지금 양치를 하는 중이라고 상상하고 칫솔과 치약, 치실을 소중한 품목에 집어넣어라. 지금 세수를 하고 있다고 생각하고 세안제와 수건을 소중한 품목에 추가하라. 면도, 화장, 머리 손질을 비롯해 그밖의 다른 몸단장을 한다고 가정하고 필수 미용용품을 다른 소중한 품목에 포함시키자. 이렇게 상상하는 연습을 하면 어느 것을 매일 사용하는지 정확히 알게 되고, 욕실에 무엇이 있는지도 자연히 파악된다. 그뿐만 아니라 당신이 무엇을 사용하지 않는지도 드러나므로 어째서 그 물건들을 간직할까 의문을 품게 된다.

어떤 물건들은 단지 오래되었기 때문에 버릴 품목에 들어간다. 가령, 자주 사용하지 않는 화장품은 다 쓰기 전에 기한이 지나가 버린다. 화장품은 사용기한이 적혀 있는 경우는 거의 없지만 유통기한은 표시되어 있다. 액체와 크림 제형의 화장품, 그 중에서도 특히 눈 주위에 바르는 제품은 수명이 3~6개월밖에 안 되는 반면에 파우더, 컨실러, 블러셔, 립스틱은 일반적으로 1년 동안 사용할 수 있다. 화장품이 변질되는 이유는 수분으로 인해 박테리아가 생성되기 때문이다. 화장품을 너무 오랫동안 방치해두었다가 사용하면 피부 염증이나 감염이 일어날 수 있다.

이와 마찬가지로, 오래된 약품도 부지런히 처분해야 한다. 처방약이든 일반의약품이든 대부분의 약은 사용기한이 라벨로 붙어 있거나 포장지에 명시되어 있다. 구체적인 의약품에 관한 질문은 의사나 약사에게 상담하면 된다. 약품을 폐기할 시기가 되면 책임지고 반드시 실행하자. 남은 약품을 쓰레기통에 던지거나(아이들이나 동물들이 입에 넣을지도 모른다) 변기에 내려버리지(상수도를 오염시킬 수 있다) 마라.

욕실에 무언가를 보관할

가장 타당한 이유는

그 물건을 실제로 사용한다는 것이다.

욕실에 무언가를 보관할 가장 타당한 이유는 그 물건을 실제로 사용한다는 것이다. 반대로, 무언가를 욕실에서 치워버려야 할 가장 타당한 이유는 그 물건을 전혀 사용하지 않는다는 것이다. 물건을 분류하면서 지난 6개월 동안 손대지 않은 것은 모두 한쪽으로 치워놓자.

이 원칙에서 예외가 인정되는 품목은 비상용품이다. 여기서는 '혹시 필요할지 몰라서' 그리고 '만약을 대비해' 준비한 물건들 모두 대환영이다. 구급상자에는 일회용 밴드, 거즈, 반창고, 항생 크림, 소독용 알코올, 체온계, 해열제, 항히스타민제, 지사제, 제산제 등을 포함해 온갖 상비물품을 가득 채워두어라. 이 물건에 손을 안 댄 지 6개월이 되었든 6년이 되었든 상관없다. 언제 필요할지 모르기 때문에 항상 잘 보관해두어야 한다(물론, 사용 기한을 주기적으로 확인하고 날짜가

지난 약품은 교체해주어야 한다).

어떤 물건을 보관해야 할 두 번째로 타당한 이유는 당신에게 잘 맞는다는 점이다. 이 말이 무슨 뜻인지 잘 알고 있을 것이다. 예를 들면 곱슬머리를 잘 관리해줄 샴푸, 주름살을 펴주는 크림, 연한 푸른색 눈을 돋보이게 만들어줄 아이섀도 말이다. 반면에, 어떤 물건을 치워버려야 할 두 번째로 타당한 이유는 당신에게 잘 맞지 않는다는 점이다. 예컨대, 고가의 보습 크림을 발랐는데 피부에 자극이 심하게 느껴지는 것이다. 단지 비싸게 주고 산 물건이라는 이유로 계속 간직하거나 억지로 사용할 필요는 없다.

마지막으로, 어떤 물건을 욕실에 들여놓는 시답잖은 이유 하나를 더 생각해보면 공짜기 때문이다. 이 부류에는 우편으로 받은 홍보 샘플, 화장품 가게에서 얻은 무료 샘플, 호텔에 갈 때마다 집으로 가져온 작은 비누와 샴푸가 포함된다. 이것들은 실제로 사용하지 않는다면 엄청나게 귀여운 잡동사니에 지나지 않는다. 그런 물건들은 정말로 사용할 마음이 아니라면 집으로 가져오지 마라.

미니멀리스트의 욕실을 꾸미기 위해서는 매일같이 하는 몸단장을 다소 간소화하는 게 도움이 된다. 기능성 제품은 화장과 몸치장을 복잡하고 오래 걸리게 만든다. 말하자면, 세 가지 노화 방지 크림을 사용한다든가 일주일에 몇 번씩 진흙 팩을 발라가며 5단계 세안을 하는 것 말이다.

각자의 일과를 자세히 들여다보고 어느 부분을 줄이면 좋을지 생각해보자. 장담하건대, 지금 쏟는 정성의 반만 들여도 변함없이 근사한 외모를 유지할 수 있다. 복잡한 피부 관리 과정을 대부분 생략해 비누와 물만 사용한다면 값비싼 세안제와 화장수는 처분해도 된다. 최소한의 화장품만 사용하고 단순한 머리 모양을 유지한다면 서랍 가득 담겨 있는 제품들을 던져버려도 좋다. 아름다움이란 화장품 병이 아니라 사람의 내면에서 우러나는 것이다. 그러니, 마법의 크림이나 젤을 잔뜩 쌓아둘 게 아니라 운동, 건강한 식단, 충분한 수분과 수면처럼 천연 미모 촉진제를 선택하는 편이 좋지 않을까?

물건의 수량을 조금 더 줄이기 위해서는 다목적 제품을 고르는 게 좋다. 두 가지 기능을 하는 제품 가운데 특히 좋아하는 것으로는 컨디셔너 겸용 샴푸, 틴티드 립밤(립밤의 입술 보호 기능과 립스틱의 발색 기능을 모두 갖춘 제품—옮긴이), 샴푸 겸용 샤워 젤, 자외선 차단제 겸용 보습제 등이 있다. 평범한 가정용품 중에도 미용 기능을 갖춘 제품이 더러 있다. 예를 들어, 베이킹 소다는 각질제거, 양치, 손 세정, 족욕, 머리감기(샴푸나 비누 대신 베이킹 소다를 탄 물에 머리를 감고 식초로 헹구면 탈모 방지 및 두피 건강에 도움이 된다는 주장—옮긴이)에 활용할 수 있다. 올리브유는 얼굴 보습제, 메이크업 리무버, 컨디셔너, 큐티클 리무버, 립밤을 대신하기도 한다. 바셀린은 손과 발, 팔꿈치, 무릎 피부를 보드랍게 가꾸어준다. 다용도로 활용이 가능한 제품을 구비해두면 수납장을 가득 채운 각종 로션과 약품을 없애도 된다.

그럼 이제 수건에 대해 이야기해볼까? 수건의 개수는 엄청난 속도로 증가한다! 왜 그럴까? 새 수건을 구입하더라도 낡은 수건을 버리는 경우가 거의 없기 때문이다. 너무 실용적인 물건이므로 도저히 버릴 수가 없는 것이다. 새로 산 수건은 수건걸이에 당당히 걸리고 기존의 수건은 여벌로 보관하다 보면 한 해가 지나갈 때마다 린넨 수납장이 점점 더 가득 찬다. 당신의 욕실, 린넨 수납장, 아니 어디든 수건을 수납하는 공간을 살펴보고 물품 목록을 작성하라. 수건이 총 몇 장이나 되나? 함께 사는 식구는 몇 명인가? 수건과 식구의 수가 너무 다르다면 정리 및 처분 작업을 좀 해야 된다.

식구 한 명당 정확히 몇 장의 수건이 필요한지 결정하라. 당신이 극단적인 미니멀리스트라면 가장 이상적인 개수는 하나다. 그러나 대부분의 사람들은 두 개는 있어야 마음이 더 편해질 것이다. 여벌의 수건이 있어야 하나를 세탁하는 동안 사용할 수도 있고 손님이 오더라도 내줄 수 있다. 그뿐만 아니라 수건의 크기는 다양한 용도로 활용 가능한 것으로 정하라. 보관하고 세탁하며 상태를 파악해야 할 수건의 개수는 적으면 적을수록 좋다.

마지막으로, 욕실이란 아주 작고 기능적인 공간이므로 자질구레한 장식물을 잔뜩 가져다 놓고 싶은 충동은 버리는 편이 좋겠다. 양초나 꽃병을 제외하고는 최소한의 장식품만 사용하도록 하자. 장식품은 물에 젖고 때가 타며 일상적으로 몸단장을 하는 데 걸리적거릴 것이다. 드라이기로 머리카락을 말리는 동안 행여 물건을 부수지나 않을까 걱정해서야 되겠는가? 그리고 욕실에 들어갈 때 가져간 읽을거리는 나올 때 반드시 들고 나와야 한다. 욕실은 도서관이 아니니까!

수납하기

욕실은 아담한 편이라 수납공간이 거의 없는 편이다. 그러므로 어떤 물건이든 장소를 지정해서 반드시 그곳에 보관해야 한다. 하우스 파티(별장 등에서 며칠 동안 계속되는 파티—옮긴이)가 끝난 직후의 모습이 아닌, 진용을 갖춘 군대처럼 보여야 한다.

각각의 물건을 수납장의 중심 자리, 가장자리, 깊숙한 수납 자리에 배치하라. 중심 자리에는 욕실에 수납하는 대부분의 물건이 들어가야 한다. 요컨대, 날마다 사용하는 물건들을 세워두라는 말이다. 대체로 칫솔, 치약, 치실, 세안제, 보습제, 자외선차단제, 색조 화장품, 솔, 빗, 면도기, 면도 크림, 면봉, 화장솜이나 탈지면, 수건 등이 있다. 물론, 일상적인 몸단장이 효율적으로 이루어지도록 이 물건들은 쉽게 손이 닿는 위치에 놓여야 한다. 가장자리 수납공간에는 자주 사용하지 않는 물건들이 포진된다. 이를 테면 고데기, 코털 정리기, 구급상자, 이발기, 여분의 수건과 세면용품과 화장품류가 있다. 목욕비누나 화장지처럼 특정 물품을 대량으로 구매했는데 욕실에 수납공간이 부족하다면 깊숙한 수납 자리에 넣어두자.

잡다한 물건들을 분류할 때에는 비슷한 물품끼리 모아 한 모듈에 집어넣자. 모듈별로 분류하는 동안 당신이 소장한 물건들을 천천히 꼼꼼하게 살펴보라. 그 과정에서 똑같은 물건들이 여러 개 있는 걸 몇 가지 발견할 수 있다. 그렇게 발견된 여분의 빗과 족집게, 손톱깎이는 추려내자. 혹은 각각 색상이 다른 매니큐어 18개와 서로 다른 향이 나는 로션 6개를 찾아낼지도 모른다. 이 물건들을 한데 모아놓고 보면 다소 과하다는 생각이 들 법하다! 당신에게 정말로 필요한 게 몇 개인지 자문해보고 가장 좋아하는 것만 남기고 처분하자.

진정한 미니멀리스트의 욕실을 꾸미고 싶다면
세면용품과 화장품은 종류별로 하나씩만 놓아두자.

욕실 물건들을 선별하는 작업이 끝났으면 이리저리 돌아다니는 물건들을 긁어모아 보관용기에 넣자. 화장품은 화장가방에 넣고 머리집게와 머리핀, 실핀 같은 머리 장신구는 각각의 가방에 보관하자. 약, 미용 크림, 손톱용품을 비롯해 여타 몸단장에 필요한 도구들도 같은 방식으로 보관한다. 이 물건들이 서랍 안에서 마구잡이로 굴러다니면 개수가 늘어나지 못하도록 단속하기 어렵다. 게다가 어수선한 장소는 다른 쓸모없는 물건들이 숨기에도 그만이다. 물건들을 개별적인 용기에 나누어 담으면 찾아 쓰고 통제하기도 한결 쉽다.

욕실을 같이 사용하는 식구들에게 서랍이나 선반을 하나씩 배정해주자. 이렇게 한 사람도 빠짐없이 개인 모듈을 가지고 있으면 개개인의 세면용품과 화장품들이 서로 뒤섞여 엉망이 될 일이 없다. 만약 지정된 선반이 가득 차서 청소년기 자녀의 헤어 제품이나 배우자의 샴푸가 밖에 나와 있다면 벽에 고리를 달아서 식구들이 개인 세면 가방을 걸면 된다. 이렇게 하면, 세면대 위 선반에 널린 잡동사니가 크게 줄어들고 식구 모두가 자신의 물건을 책임지고 치우게 된다.

욕실에 한도를 설정할 때 가장 이상적인 숫자는 하나다. 진정한 미니멀리스트의 욕실장을 꾸미고 싶다면 세면용품과 화장품의 수를 제한해 종류별로 하나씩만 놓아두자. 샴푸 한 통, 컨디셔너 한 통, 세안제 한 통, 화장수 한 병, 보습제 한 통, 향수 한 병, 애프터셰이브 로션 한 병, 바디로션 한 통, 치약 한 개 등등. 종류별로 물건을 하나씩만 둔다는 것은 물건을 생산하고 폐기하는 과정에서 환경에 미치는 영향이 그만큼 줄어든다는 뜻이기도 하다.

그러기 위해서는 무엇이든 기존에 쓰던 물건을 다 쓰고 난 뒤에 새 물건을 사야 한다. 물론 실천하기가 말처럼 쉽지 않다는 건 잘 알고 있다. '완벽한' 나이트 크림이나 '꼭 가져야 할' 마스카라에 대한 정보를 듣고 나면 화장품 가게로 엎어질 듯 달려갈 수밖에 없다! 이 충동 구매를 자제하려고 노력해보자. 비슷한 제품이 집에 있다면 더욱 그렇다. 적어도, 대체할 새 물건을 집에 가져오거든 원래 사용하던 반 정도 남은 그리 대단치 않은 세면용품과 화장품은 처분하자. 이와 마찬가지로, 거의 바닥을 드러낸 치약과 컨디셔너도 새 제품을 들였다면 욕실에 굴러다니게 내버려두지 마라. 마지막 남은 한 방울을 짜내는 데 필요한 초인적인 힘이 생길 가능성은 거의 없으니까 말이다.

관리하기

간소하게 정돈한 욕실을 관리하는 일은 정말 쉽다! 사실, 욕실은 미니멀리스트의 능력을 연마하고 집 안의 나머지 공간을 떠맡을 기술과 자신감을 얻기에 더없이 좋은 공간이다.

정리정돈을 한결 수월하게 해내기 위해서는 훌륭한 문지기가 되어야 한다. 다루기 힘든 품목에 대비해 긴장을 잠시도 늦추지 마라. 특히, 다른 식구들과 욕실을 함께 사용하는 경우라면 더욱 그렇다. 욕실에서 나갈 때에는 원래 그곳에 두는 물건이 아닌 것은 무엇이든 도로 들고 나가야 한다. 가령 유아기 자녀의 빨대 컵, 청소년기 자녀의 운동화, 배우자의 잡지, 당신이 욕조에서 읽던 책 같은 것들이다.

깨끗한 표면은

보기에도 더 좋을 뿐 아니라

더 위생적이기도 하다.

이상적으로 말하면, 사용하지 않는 물건들을 모두 욕실 표면에서 깨끗이 치워라. 그런 물건들을 밖에 꺼내 놓고 얼마 못 가서 어떤 상황이 벌어지나 살펴보라. 머리빗 하나가 슬그머니 그 대열에 합류하고 면도기가 나뒹굴기 시작한다. 그러고 나면 립스틱과 로션, 향수도 한데 섞여 들어간다. 이 난장판에 식구들의 머리수를 곱하면 세면대 위 선반이 순식간에 엉망진창이 될 것은 뻔하다.

이와 같은 이유로, 욕실 바닥 위에는 어떤 물건도 내버려 두면 안 된다. 수건도 빨랫감도 여분의 제품도 절대 사양이다. 빨랫감은 빨래 바구니에 모으고 여분의 물품은 수납장이나 바구니 혹은 위로 쌓을 수 있는 큰 통에 넣어라(아니면 집 안의 다른 장소에 보관해도 좋다). 고리와 봉을 활용해서 수건과 목욕가운을 걸어라. 욕조 턱도 깨끗이 비워두어야 한다. 비누와 샴푸, 면도 크림을 욕조 가장자리에 일렬로 세워두는 것보다는 벽에 선반을 달거나 걸이식 철제 선반을 설치하는 편이 낫다.

깨끗한 표면은 보기에도 더 좋을 뿐 아니라 더 위생적이기도 하다. 욕실은 따뜻하고 촉촉하며 폐쇄적인 환경이다. 이런 환경에서는 때, 곰팡이, 세균이 크게 번식해서 어떤 물건에도 들러붙기 쉽다. 세면대 위 선반이 깔끔해야 청소하기도 수월해진다.

매일 밤 샤워를 마치면 세면용품과 화장품, 도구, 자질구레한 소품 등은 지정된 자리에 돌려놓고 수건을 모두 걸어두며 세면대 위 선반은 걸레로 재빨리 닦아버리자. 이 과정을 잠들기 전의 일과로 삼으면 당신은 매일 아침 일어나 아름다운 미니멀리스트의 욕실을 마주할 수 있다!

27

창고
: 잡동사니 공간이 아닌, 주거공간으로 접근하라

지금까지 생활공간을 간소하게 정돈해보았으니, 이제 창고를 살펴보자. 집에 돌아다니는 잡동사니 가운데 어떻게 처리해야 할지 잘 모르는 것들은 결국 이곳으로 흘러들어오는 경우가 부지기수다. 그러나 눈에 보이지 않는다고 마음에서도 지워버릴 수 있다는 뜻은 아니다.

창고는 우리가 골머리를 앓는 문제의 해답처럼 보인다. 널찍한 지하실이나 혹은 차 두 대를 수용하는 차고가 있어서 당장 쓰지 않는 물건을 모두 보관한다면 우리의 삶은 그야말로 질서정연해질 것이다! 그런데 안타깝게도 이 '해결책'은 종종 역효과를 빚기도 한다. 물건의 수량이 보관 공간을 가득 채울 정도로 늘어나고, 그 사실을 미처 깨닫기도 전에 우리가 감당해야 할 물건은 이미 포화 상태다.

예전에 우리 부부는 다목적 수납장을 제외하면 물건을 보관할 공간이 전혀 없는 원룸 아파트에서 아무 불편함 없이 잘 지냈다. 그러다 창고가 딸린 방 세 개짜리 주택으로 이사를 가게 되었다. 과연 어떤 상황이 벌어졌을까? 살림살이가 기하급수적으로 늘어나고 말았다! 원룸에 살던 시절에는 가구 혹은 스포츠 장비 및 취미용품에 싫증이 나면 물건을 처분할 수밖에 없었다. 그저 보관할 장소가 없었기 때문이다. 주택으로 이사한 뒤로는 이런 물건들이 지하실 신세가 되었다. '만약의 경우', 즉 언젠가 필요할지도 모른다는 이유에서였다. 이렇게 '만약의 경우'가 하나둘씩 쌓이면서 전과 다른 잡동사니들이 새롭게 문제로 다가왔다. 솔직히 말하면, 창고가 전혀 없는 집에서 미니멀리스트로 살아가는 것이 훨씬 쉬운 듯하다.

쓸모없는 물건이 계속 쌓이지 않도록 하려면 창고를 주거 공간처럼 항상 간소하게 정돈하라. 커다란 차고가 있다고 해서 그 공간을 한 치의 빈틈없이 채워야 한다는 뜻은 아니다.

차고에 쓰지도 않는 물건을 잔뜩 쌓아두느니 자동차를 세워두는 편이 낫다. 더구나 이런 공간은 얼마든지 용도 변경이 가능해서, 주변을 어지럽히기 좋은 취미 활동을 하기 더없이 좋은 공간일 뿐 아니라 심지어 가족실이나 침실로도 개조가 가능하다. 쓸모없는 물건들로 인해 그 공간을 다양하게 활용할 가능성마저 차단하지는 마라.

쓸모없는 물건이 계속 쌓이지 않도록 하려면
창고를 주거공간처럼 항상 간소하게 정돈하라.

창고는 두 가지 방식으로 다시 정리할 수 있다. 조금씩 차근차근 정리하거나 한 번에 뒤집어엎는 것이다. 열정과 포부가 큰 사람이라면 당신의 능력을 최대로 발휘해 일을 크게 벌여라! 주말을 온전히 바쳐서 물건을 체계적으로 분류해 정리하라. 그리고 창고를 싹 비워서 그 안에 있던 물건들을 마당이나 진입로로 이동시켜라. 컴컴한 구석에 숨어 있는 물건들을 간과해 버리기 쉬우므로 밝은 곳으로 끌어내서 살펴보아야 한다. 때로는 물건을 집 밖으로 가지고 나오는 것만으로도 계속 소유하고 싶은 충동을 극복하는 데 도움이 된다.

최선의 결과를 얻기 위해서는 집 안 식구 전체가 나서서 파티를 열어야 한다. 음악을 틀고 간단한 먹거리를 내오며 흥겨운 분위기를 연출하노라면 지루한 잡일이 아니라 게임처럼 느껴질 것이다. 의욕을 조금 더 북돋아주고 싶다면 '새로운' 공간을 어떻게 사용할지에 대해 계획을 세우면 된다.

만약 대대적으로 물건을 솎아내는 작업이 너무 버겁게 느껴진다면 상자 단위로 하나씩 처리해가면 된다. 한 번에 조금씩 일을 처리하면 그처럼 엄청난 작업도 그렇게 겁나지 않을 것이다. 일을 진전시키기 위해서는 작업 일정을 정해두어야 한다. 예를 들면, 매일 혹은 매주 한 상자씩 분류하는 것이다. 상자를 창고 밖으로 꺼내 집 안의 다른 장소로 이동해 내용물을 검토하라. 어떤 물건을 평상시 환경이나 사정과 분리시켜 바라보면 그 자리로 다시 갖다 놓는 일은 없을 것이다. 작업을 천천히 진행하면 물건 하나하나를 신중하게 생각할 수도 있고 사진이나 문서 혹은 다른 기억할 만한 자료를 없애기 전에 디지털로 변환해서 저장할 시간도 생긴다.

분류 및 정리

물건들을 버릴 것과 소중한 것, 넘겨줄 것으로 구분할 때에는 간단명료하게 한 가지 규칙을 지켜야 한다. 즉, 1년이 넘도록 사용하지 않은 품목이라면 처분하는 것이다. 그러므로 작년 혹은 몇 년 동안 스키를 타지 않았거나 캠핑 장비를 사용하지 않았거나 크리스마스 장식을 하지 않았다면 어째서 그런 물건들을 여전히 보관하고 있는지 물어볼 때가 되었다.

창고에는 망가진 제품들을 가져다 놓는 경우가 허다하므로 분류 작업을 하는 동안 버릴 품목들을 엄청나게 많이 발견할 것이다. 만약 텔레비전이나 잔디 깎는 기계를 벌써 새로 장만했다면 낡은 제품을 수리할 가능성이 얼마나 될 것 같은지 생각해보자. 그냥 이 물건들을 처분해 모종의 의무감에서 벗어나면 어떨까? 마음의 짐을 내려놓고 보다 즐거운 다른 활동을 즐길 시간을 확보하라.

창고는 버려진 과제나 공예 그리고 한때 즐기던 취미의 잔재들이 잡다하게 섞여 있는 곳이기도 하므로 넘겨줄 품목도 순식간에 가득 찬다. 우리는 어떤 활동을 하다가 중간에 포기하면 죄책감을 느끼곤 한다. 특히, 그 활동에 필요한 장비나 재료를 사거나 교육을 받느라 돈을 쓴 뒤라면 더욱 그렇다. 그리고 나서 그 물건들을 창고에 집어넣고서는 언젠가 다시 시작하겠다고 다짐한다. 여기서 잊지 말아야 할 것은, 당신은 이런 활동을 지속할 의무가 없다는 점이다. 표면 재손질을 미처 끝마치지 못한 낡은 탁자는 기증하고, 몇 년 동안 만져보지도 않은 낚싯대는 이웃에게 선물하며, 사용법을 배우지 못한 재봉틀은 팔아버려라. 이제 그만 넘어가도 괜찮다고 스스로를 다독여라. 얼마나 자유로운 기분이 들겠는가! 이 물건들이 더 이상 가슴을 짓누르지 않는다면 새로운 열정을 추구할 에너지와 의욕이 샘솟을 것이다.

가구도 마찬가지다. 집 안을 새로 단장하다 보면 더 이상 어울리지 않는 가구들이 종종 생겨나지만 우리는 그 가구들을 포기하는 대신 차고나 지하실로 보내버린다. 특히 아기용품들은 영원히 간직하는 경우가 많지만 아기들이 사용하는 침대와 식사용 높은 의자, 놀이울을 계속 보관해도 괜찮은 건 아이를 한 명 더 낳으려 할 때뿐이다. 청소년기 자녀가 한층 사랑스러웠던 시절을 떠올리게 해준다는 이유로 15년 된 유모차를 간직하지는 마라. 유모차는 시간을 되돌릴 힘이 없으니까.

한 마디 더 하자면, 창고를 당신의 과거가 고스란히 담긴 박물관으로 둔갑시키지 마라. 졸업 앨범, 수영 트로피, 스웨터, 졸업식 가운을 비롯해 기타 기억에 남는 물건들을 날카로운 눈으로 살펴보라. 축구나 치어리딩 유니폼을 정말 다시 입고 힘을 낼 생각이 아닌 이상 이 물건에서 자유로워질 필요가 있다.

마지막으로, 보관할 품목을 한데 모으면서 이 점을 염두에 두기 바란다. 바로, 물품 보관 장소가 아무리 훌륭하더라도 집의 나머지 장소만큼 깨끗하거나 냉난방이 잘 되지 않는다는 점이다. 시간이 지남에 따라 먼지, 더러움, 습기, 벌레, 그리고 다른 생물들이 물건을 손상시킬 수 있다. 당신에게 정말로 필요한 순간이 왔을 때 그 물건은 더 이상 최고의 상태가 아닐지도 모르므로 어쨌든 새 제품을 구입해야만 한다. 자식이나 손주에게 '물려주려고' 마음먹었던 웨딩드레스는 이런 식으로 서서히 사라져간다. 소중한 품목들이 이런 환경에서 살아남을 수 있는지 반드시 확인해야 한다. 만약 창고의 조건이 열악하거든, 소중한 물건은 거주공간으로 옮겨 안전하게 보관하거나 당장 다른 사람들이 사용할 수 있게 조치해야지, 그냥 망가지게 내버려두어서는 안 된다.

아무리 눈에 보이지 않는다 해도 창고에 있는 물건은 언제나 그곳에 있다. 쓸모없는 물건에 둘러싸여 지낸다는 생각만으로도 숨이 막히는 듯한 기분이 든다. 정기적으로 사용하거나 조만간 사용할 계획이 있는 물건만 보관하라는 말이다. '만약의 경우를 대비해 준비한 비상용품들'로 창고를 채워서는 안 된다.

첫째, 크리스마스 장식품을 재고해보자. 자연의 풍부한 선물이 훨씬 더 아름다운데 어째서 가게에서 구입한 장식품에 당신의 공간을 할애하는가? 크리스마스 연휴에는 공장에서 찍어낸 조악한 장식품 대신에 상록수와 솔방울, 호랑가시나무 가지로 장식하자. 가을에는 도토리와 잎사귀로, 봄에는 생화와 말린 꽃으로 집을 아름답게 꾸미자. 자연의 재료로 집을 장식하면 당신은 모든 면에서 '새로운' 모습을 갖출 뿐 아니라 따로 보관해둘 게 아무것도 없다.

둘째, 장비나 재료가 거의 필요 없는 스포츠와 취미를 추구하라. 하키나 미식축구에 비해 축구와 테니스는 훨씬 적은 장비로도 즐길 수 있는 종목이고 요가와 가라테, 춤은 장비가 아예 필요 없다. 러닝머신을 구입하지 말고 밖으로 나가서 걷거나 달리고 기구운동보다는 맨손운동을 중점적으로 하자. 취미도 이와 비슷하게 접근하면 된다. 목공예나 금속공예, 도자기 등은 정말 멋진 취미 활동이지만 장비와 재료가 대단히 많이 필요하다. 외국어를 배우거나 시를 쓰거나 소묘를 하면 복잡한 장비나 재료 없이도 비슷한 만족감을 얻을 수 있다.

자연의 재료로 집을 장식하면
당신은 모든 면에서 '새로운' 모습을 갖출 뿐 아니라
따로 보관해둘 게 아무것도 없다.

마지막으로, 몇 가지 물건은 빌려 쓰자. 스케이트를 아주 가끔 타는 사람이라면 스케이트를 구입하기보다는 대여하는 편이 좋다. 기존의 페인트를 벗겨내고 새로 칠하는 작업을 1년에 한 번밖에 하지 않는다면 집수리 지원센터에서 장비를 빌리는 게 낫다. 못 박는 기계를 쓸 일이 거의 없다면 필요할 때 차라리 이웃에서 빌리자. 그뿐만 아니라, 자동차를 거의 사용하지 않거든 팔아버리고 차량 공유 프로그램에 가입하자. 자동차 유지비가 줄어들고 차고 공간이 넓어질 것이다.

수납하기

집 안의 다른 영역과 마찬가지로 창고도 모든 것을 지정된 장소에 보관하고 그 자리를 벗어나지 않도록 관리하는 게 중요하다. 잡다한 물건들이 쌓이다 보면 금세 창고 공간을 다 차지해 버린다. 물건을 구석으로 던지거나 가장 가까운 선반에 쑤셔 넣고 싶은 충동을 떨쳐버려라. 이 충동을 이기지 못하면, 물건들이 뒤죽박죽 섞이고 엉망으로 흩어져 결국은 잡동사니들만 점점 더 늘어나게 된다.

집 안의 다른 영역과 마찬가지로
창고도 모든 것을 지정된 장소에 보관하고
그 자리를 벗어나지 않도록 관리하는 게 중요하다.

이런 공간에는 하나같이 깊숙한 수납 자리에 넣을 물건들만 들어간다고 추측할지도 모르지만 꼭 그런 것만은 아니다. 창고에도 우리가 일상적으로 사용하는 물건들이 보관된다. 그러므로 가장 자주 사용하는 물건들이 손닿기 쉬운 자리에 놓이도록 공간을 체계적으로 정리할 필요가 있다. 중심 자리는 '활동적인' 공간으로 간주하고, 일과를 수행하는 데 꼭 필요한 도구와 장비를 모두 보관하라(심지어 작업 공간도 여기 포함된다).

가장자리 수납공간은 1년에 한 번 혹은 특정 기간 동안만 사용하는 물품을 주로 보관하는 장소다. 이 구역에는 크리스마스 장식, 부패하기 쉬운 비상용품, 철지난 정비용품 및 스포츠 장비가 보관된다(예를 들어 여름에는 제설기와 스키를, 겨울에는 물뿌리개와 캠핑 장비를 보관하는 식이다). 마지막으로, 깊숙한 수납 자리는 다시 눈길을 줄 생각이 없지만 어떤 이유에선지 보관할 의무가 있는 물건을 보관하는 곳이다. 이 범주로 분류하는 품목은 절대 많아서는 안 된다. 사실, 부패하지 않는 비상용품이나 재정 및 법률 서류 정도밖에 생각나지 않는다. 무엇보다 중요한 것은, 처리하고 싶지 않은(가보 같은) 물건을 깊숙한 수납 자리에 숨겨두어서는 안 된다는 점이다.

이곳을 체계적으로 정리하는 최선의 방법은 모듈을 만드는 수밖에 없다. 우선, 가장 큰 것부터 가장 작은 것의 순서로 비슷한 물건들을 한데 모아라. 삽과 갈퀴를 그러모으고 너트와 볼트, 나사를 종류와 크기에 따라 분류한다(정리벽을 타고난 사람에게는 그야말로 꿈만 같은 작업이다!). '집수리'라는 라벨을 여러 개의 상자에 똑같이 붙이지 말고 내용물에 따라 배관, 전기, 목공, 페인트, 외장 관리 모듈을 따로 만들어라.

이와 마찬가지로, 상황이나 계절에 따라 장식품도 분류하면 좋다. 그래야 생일 파티 장식 리본을 찾으려고 크리스마스 전구를 모조리 헤집어놓을 필요가 없다. 스포츠 장비는 종목이나 참가자를 기준으로 정리하고 부츠와 모자, 장갑 같은 겨울 장비는 플립플랍 샌들과 해변용 수건 같은 여름 장비와 다른 모듈에 보관하라. 정리하는 과정에서 중복되거나 남는 물건이 있으면 모두 가려내라.

물건 하나가 새로 들어오면

기존에 있던 한 가지를 집 밖으로 내보내야지

창고로 보내서는 안 된다!

그 다음으로, 중소형 물품을 보관할 적당한 용기를 찾아보자. 중소형 크기의 물건들은 용기에 담지 않고 그냥 두면 이리저리 굴러다니다가 문제를 일으키기 십상이다. 내용물을 한눈에 확인할 수 있는 투명한 통이나 상자가 가장 좋다. 불투명한 용기라 해도 라벨이나 색상표를 명확히 붙여두면 필요한 물건이 어디 있는지 찾느라 12개의 상자를 샅샅이 뒤질 일은 없다. 아니, 여기서 한 걸음만 더 나아가자. 각 용기에 담긴 내용물의 목록을 작성해서 프린트한 뒤, 상자 앞면에 테이프로 붙여두는 것이다. 이런 시스템이 자리를 잡으면 어떤 물건이든 몇 분 안에 다 찾아낼 수 있고 물건이 뿔뿔이 흩어지지도 않는다.

창고는 바로 눈에 띄는 장소가 아니기 때문에 그곳에 어울리는 물건이면 무엇이든 밀어 넣고 싶은 충동이 생긴다. 하지만 이건 그다지 미니멀리스트다운 행동이 아니다. 차라리 한도를 자유롭게 설정해서 물건들을 통제하는 편이 낫다. 첫째, 선반이든 장이든 수직으로 수납할 수 있는 곳에만 물건을 보관하기로 하자. 바닥을 수납공간에서 제외시키면 잡동사니가 쌓일 가능성을 사전에 차단할 뿐 아니라 다른 활동을 할 만한 공간도 확보할 수 있다(자동차 주차, 취미 생활, 혹은 아마추어 밴드 활동도 가능하다). 그리고 보관할 물품의 수량을 종류별로 제한하자. 예를 들어 스포츠 장비나 크리스마스 장식품, 각종 공구 등을 한두 상자로 제한하는 것이다. 만약 선물이나 기념품을 비롯해 그 밖의 정서적인 물건들을 반드시 보관하고 싶다면 그 양을 한 상자로 제한하자.

조심하지 않으면 창고는 구식 전자제품의 박물관, 낡아빠진 도구의 양로원, 오래된 소일거리의 기념관으로 변모한다.

하나가 들어오면 하나가 나간다는 규칙을 실천해 이런 운명을 피해가라. 전자기기나 다른 품목들을 더 나은 제품으로 교체하거든 기존의 것은 폐기하고, 새로운 스포츠나 취미가 생기거든 예전에 즐기던 스포츠 및 취미 관련 용품은 포기해야 한다. 물건 하나가 새로 들어오면 기존에 있던 한 가지를 집 밖으로 내보내야지 창고로 보내서는 안 된다!

관리하기

창고에서 작업대나 탁자처럼 특별한 기능을 수행하는 공간은 무조건 말끔히 치워야 한다. 이런 공간에서 이루어지는 작업은 위험할 때도 있다. 그러므로 잡동사니가 표면에 쌓이지 않도록 관리하는 것이 가장 기본적인 안전 예방책이다. 가령, 전기톱을 쓰거나 위험한 약품을 다룰 때 주변에서 테니스공이 굴러다니면 안 된다는 말이다. 작업대의 표면을 깨끗이 관리하기 위해서는 페그보드(수납 및 인테리어 용도로 쓰는 구멍 뚫린 판—옮긴이)를 설치하면 좋다. 그러면 각종 도구와 나사, 못, 볼트를 비롯해 작은 소품들이 작업대 표면을 차지하지는 않지만 여전히 손닿기 쉬운 곳에 위치한다.

이와 비슷한 방식으로, 온갖 수단을 동원해 바닥을 깨끗이 관리하자. 이런 공간은 어둡기도 하고 다소 위험하기도 하므로 행여 발밑에 물건이라도 하나 있으면 걸려 넘어지기 쉽다. 이를 위해, 선반이나 벽에 고정된 고리와 받침 같은 수직형 수납공간을 자유롭게 활용하자. 갈고리와 삽 같은 정원도구, 스키와 스케이트 같은 스포츠 장비, 그리고 그물망에 든 축구공과 헬멧, 기타 부속품 같은 더 작은 물건들은 걸어두자. 높은 곳에 거치대를 설치해 자전거와 커다란 물건들을 거치적거리지 않게 보관하자. 이상적으로 생각하면, 무언가를 밟지도 피하지도 부딪히지도 않고 이 공간을 자유롭게 걸어 다닐 수 있어야 한다.

잡동사니가 널브러지지 않도록 창고를 깨끗이 관리하기 위해서는 반드시 훌륭한 문지기가 되어야 한다. 일단 물건이 자리를 잡고 난 뒤에는 쫓아내는 데 꽤 많은 노력을 들여야 하기 때문이다. 어떤 물건을 창고로 보낼 생각이라면, 실제로 갖다 두기 전에 이렇게 자문해보자. 현실을 직시하거나 어려운 결정을 내리기 싫다는 이유로 창고를 이용하지 마라. 보이지 않는 곳에 치워두느니 지인에게 주거나 자선 단체에 기증하는 게 더 좋은 해결책인지도 모른다.

이와 더불어, 하루에 하나씩 잡동사니를 치우는 방법도 생각해보기 바란다. 창고에는 솎아낼 여분의 물건들이 차고 넘치게 보관되어 있으니까. 그보다 더 반가운 소식은 작업하기가 아주 쉽다는 점이다. 물건들이 주된 주거공간 밖에 있으므로 이미 당신의 마음은 어느 정도 멀어진 상태다. 날마다 쳐다보거나 사용하지 않으므로 이런 물건이 없으면 어떻게 살아갈 것인지 쉽게 그림이 그려진다. 이렇게 한번 생각해보면 어떨까? 국토를 횡단하다시피 멀리 이사를 간다면 그 물건들을 굳이 다 끌고 갈 셈인가? 잘 포장하고 상자에 담아서 데려갈 만큼 특별하거나 유용한 물건이 아니라면 지금 처분하는 편이 좋다.

최소한 1년에 한 번씩은 대대적으로 창고를 정리하라. 특히 축제 분위기를 조성하고 싶다면 주말 연휴로 일정을 잡으면 된다. 창고의 물건을 모조리 마당에 꺼내 놓고 검사하라. 사용하지 않는 도구, 좋아하지 않는 취미용품, 몸에 맞지 않는 스포츠 장비를 비롯해 지난 1년 동안 슬금슬금 창고로 들어온 물건이면 무엇이든 솎아내라. 사기를 한껏 드높이기 위해 물건을 중고 시장에 팔아서 수익금을 투자해 재미있는 일을 기획하라. 가령, 가족 여행을 떠나거나 수영장 회원권을 구입하는 것이다. 이 행사를 전통으로 만들면 누구나 해마다 새로운 시작을 기대하게 될 것이다.

28

없애버리기 힘든 것들
: 물건 안에 깃든 마음이 더 오래가는 법이다

물건을 분류하고 정리하다 보면 문득 일손을 멈추게 만드는 물건을 발견하게 될 것이다. 유용하지도 아름답지도 않지만 어쩐지 없앨 수가 없는 물건 말이다. 역설적이게도, 심지어 이 물건들은 당신이 선택해서 자신의 삶에 들여놓은 것도 아니다. 과연 지금 설명하는 물건은 무엇일까? 바로 선물, 가보, 그리고 정서적인 물건들이다.

선물

선물은 당연히 좋은 것일까? 우리는 즐거운 마음으로 선물을 주고, 기쁘게 선물을 받으며, 평생토록 선물을 간직해야만 한다. 역사상 선물은 상징적인 의미가 아주 강해서 존경심을 전하고, 상대의 비위를 맞추고, 사랑을 표현하고, 호의를 베풀고, 우정을 다짐하고, 용서를 구하는 등의 다양한 역할을 했다. 여기서 중요한 것은 상징적이라는 표현이다. 선물은 그저 감정이나 의도 혹은 관계의 상징일 뿐이고 물건이 없어도 그런 추상적인 의미는 고스란히 남는다. 달리 말하면, 'BEST FRIEND'라고 적힌 머그컵이 상징하는 유대감은 머그컵 자체와는 거의 관계가 없다.

안타깝게도, 현대에 들어 선물은 공격적인 마케팅으로 인해 변질되었다. 중요한 휴일이나 명절을 맞을 때마다 우리는 사랑하는 사람들에게 이것저것 물건을 사주라고 강요하는 광고 공세에 시달린다. 광고는 우리가 아내에게 어울리는 보석을, 남편에게 꼭 맞는 전자기기를, 친구에게 알맞은 스카프를, 아이들에게 적당한 장난감을 사주기만 하면 행복이 넘쳐난다고 약속한다. 반대로 우리가 그런 선물을 사주지 못하면 사랑하는 사람들이 실망할 것이라고 암시한다. 그러므로 요즘 우리의 선물 교환은 의무감과 기대감, 죄의식에 떠밀려 이루어지는 경우가 허다하다.

그런 마케팅 덕분에 명절, 생일, 집들이, 결혼식 혹은 기념일에 선물을 주고받지 않고 그냥 넘어가는 경우는 없다. 그 증거로, 서랍과 옷장이 꾸역꾸역 집어넣은 물건들로 인해 터져 버릴 지경이다. 이 많은 행사들이 친구와 친척, 동료의 수만큼 늘어나다 보니 집 안에는 물건이 급속도로 불어난다! 때문에 미니멀리스트가 되려고 할 때 맞닥뜨리는 어려움은 두 배가 된다. 이미 받은 선물들 가운데 원치 않는 것을 솎아내야 할 뿐 아니라 그런 선물을 새로 받지 않아야 하는 것이다.

인간관계에서 난무하는 선물 공세의 긍정적인 측면은, 선물을 주는 사람의 대부분이 자신이 무엇을 주었는지 잊어버린다는 것이다. 당신은 2년 전에 직장 상사에게 준 크리스마스 선물이나 배우자에게 준 생일선물이 무엇인지 기억할 수 있는가? 혹시 기억한다면, 그 뒤로 그 물건을 본 적이 있는가? 그리고 신경이 쓰이는가? 대부분 선물을 주는 행위는 중요하게 여기지만 선물을 건넨 뒤에 그 물건에 대해 다시 생각하지는 않는다.

그러니 정말로 아끼는 것만 보관하고 그렇지 않은 것은 손에서 내려놓아라. 선물 준 사람의 호의를 세상에 널리 퍼뜨린다고 생각하라! 앞으로 원치 않는 선물을 받으면 그 즉시 기부 상자에 집어넣도록 하자. 그 선물이 당신의 집에 자리를 잡기 전이라야 헤어지기가 한결 수월하다. 물건을 자선단체에 실제로 가져다 주기까지 몇 달은 걸릴 것이다. 혹시 그 사이에 선물을 준 사람이 집에 방문하거든 물건을 잠시 꺼내 잘 보이게 진열하라. 멀리서 보내온 선물은 다루기가 훨씬 쉽다. 진심을 담아 카드나 편지를 쓰고 선물을 사용하는 장면이 담긴 사진을 동봉해 상대에게 고마운 마음을 표현하라. 가령, 사촌에게 받은 손뜨개 목도리를 두르거나 고모나 이모에게 받은 핸드백을 들고 셀카를 찍는다. 그런 다음, 선물을 준 사람에게 사진을 보내고 물건을 자선 단체로 보내면 모든 사람이 행복해질 것이다.

또 다른 방법으로는 문제가 되는 선물을 팔고 그 돈으로 다른 물건을 사는 것이다. 그렇게 하면, 선물 준 사람의 마음을 보다 기능적이거나 아름다운 상징으로 간직하게 된다. 받은 물건을 다른 사람에게 선물로 재활용하는 방법도 가능하다. 다만 몇 가지 간단한 규칙은 지켜야 한다. 선물이 받을 사람에게 적합한지, 당신이 구입했을 법한 물건이지 확인하라. 선물을 재활용할 대상과 당신에게 선물을 준 사람은 서로 인맥이 겹치지 않아야 한다(기왕이면 사는 지역도 다르면 더 좋다). 그리고 아직 사용하지 않은 선물만 재활용할 수 있다.

더 좋은 방법은 선물 교환을 하지 않아 이런 상황 자체를 만들지 않는 것이다. 말 안 해도 안다. 말이야 쉽지만 실천하기란 여간 녹록지 않다! 사무실에서나 친분이 그리 깊지 않은 사이에서는 전혀 문제 될 게 없지만 친구들과 가족들 사이에서는 이야기가 달라진다. 명절 전통을 바꾸는 것은 커다란 도전이고 요령 있고 세심하게 접근해야 한다. 변화의 가능성을 높이기 위해서는 긍정적으로 생각해야 한다. 선물을 주고받는 대신 함께 보내는 시간을 늘리자고 제안하거나 지구의 자원을 보존하고 싶은 소망을 표현하라. 만약 안 주고 안 받는 방침이 받아들여지지 않으면 비밀 산타 혹은 선물 교환을 제안하라. 적어도 이렇게 하면 선물을 5개, 10개, 20개가 아니라 하나만 받으면 된다.

그래도 선물을 주겠다고 우기는 사람들에게는 당신이 좋아하는 소모품이 무엇인지 알려주면 된다. 고급 치즈나 파스타, 커피가 얼마나 근사한 선물인지 혹은 당신이 좋아하는 간식을 언급하거나, 고급 목욕 소금, 양초, 향기 좋은 보디로션을 좋아한다고 분명히 알려도 좋다. 당신이 식물을 잘 키운다는 사실을 상기시켜주고 정원에 심을 씨앗이나 꽃, 화분을 요구해도 된다. 아니면, 음악 수업, 공연 티켓, 박물관 회원권처럼 '몸으로 경험하는' 선물을 제안하면 어떨까? 혹은 서로 상대방의 일을 번갈아 도와주자고 제안해보자. 가령, 아기를 돌보거나 눈을 치우거나 세차를 하거나 컴퓨터 문제를 도와주는 것이다. 보다 간단한 방법은 점심이나 커피를 같이 먹으면서 명절을 보내는 것이다.

더 좋은 방법은 선물을 주고받는 대신에 자선 단체에 기부하자고 제안하는 것이다. 우리가 전자제품, 장신구, 소품 등을 서로 선물하는 데 드는 돈이면 어려운 이웃들을 도와줄 수 있다. 쇼핑을 하는 대신, 사랑하는 사람들과 함께 마음에 드는 자선 단체를 고르며 오후를 보내면 어떨까? 그러면 그 시간이 더 풍요롭고 뜻깊어질 뿐더러, 되돌려주거나 다른 사람에게 선물하거나 버려야 할 물건도 전혀 생기지 않는다.

선물을 주고받는 대신에

자선 단체에 기부하자고 제안하자.

가보

물건을 분류하고 정리할 때 처리하기가 특히 난처한 물건은 '가보'다. 대개 가보란, 우리가 평생토록 정성껏 보살피기는커녕 갖겠다고 선택하지도 않을 법한 물건이다. 문득 정신을 차리고 보면 우리는 독일산 험멜 도자기 조각상의 먼지를 털어내며 포커를 치는 강아지 그림을 어디에 걸어두면 좋을까 고민하거나 빅토리아 시대풍의 긴 소파가 현대의 가족실과 조화를 이루게 하려고 기를 쓴다. 대체로 우리가 이런 물건들을 보관하려는 이유는 유용하다거나 아름답기 때문이 아니다. 우리 집안의 '유산'을 지키겠다는 책임감과 감상적 기분, 죄책감 때문이다.

일반적으로 가보가 우리의 삶으로 들어오는 시기는 사랑하는 사람이 세상을 떠날 때이다. 그것만으로도 가보를 버리는 건 불가능해진다. 가보는 특별한 사람이 우리에게 남긴 유일한 것처럼 여겨지고, 그 물건을 손에서 놓으면 마지막 연결고리가 사라지는 것만 같다. 이는 감정 소모가 큰 어려운 과정이므로 가보를 분류해서 정리하기 전에 슬퍼할 시간을 충분히 갖기 바란다.

무엇보다 중요한 것은, 가보란 망자가 한때 소유했던 물건에 지나지 않는다는 점이다. 정찬용 접시에 영혼이 담겨 있거나 엔드 테이블이 존재를 상징한다고 생각하는가? 물론,

아니다! 이와 마찬가지로, 당신이 사랑하는 사람은 벽난로 위 선반에 얹힌 물건이 아니므로 그것과 동일시해서는 안 된다. 기념품을 상자에 담아 치워놓기보다는 친구나 가족과 함께 이야기를 나누고 사진을 함께 보면서 고인을 추모하는 편이 낫지 않을까? 당신의 기억은 고인이 남기고 떠난 그 어떤 '물건'보다 훨씬 귀하다.

당신의 의무는 물려받은 물건을 고이 간직하는 게 아니라 어디에 쓰면 가장 좋을지 알아내는 것이다. 상속자들 사이의 다툼으로 인해 당신이 원하지도 않는 물건을 억지로 떠맡지는 마라. 달리 말해, 사촌이 갖지 못하게 할 욕심으로 은제 식접시를 쌓아두고 살지는 말라는 말이다. 갖고 싶어 하는 사람에게 점잖게 넘겨주고 그들이 물건을 책임지고 보관하게 하라.

만약 물려받은 가보가 비싸거나 역사적으로 중요한 물건이라면 지역 박물관이나 역사협회에 기증하라. 그런 단체는 당신의 할아버지가 1차 세계대전 당시에 입었던 군복이나 삼촌이 수집한 지역 풍경화를 기꺼이 전시해줄지도 모른다. 이는 당신이 사랑하는 사람의 유산을 공유하고 그런 귀중한 물건에 대한 염려와 책임을 더 유능한 사람에게 넘겨주는 멋진 방법이다. 비록 값비싼 물건이 아니라 해도 그 진가를 인정해줄 만한 곳에 주려고 노력하라. 물건들이 당신의 창고에서 먼지만 쌓인 채 방치되는 대신 다른 사람들에게 기쁨을 안겨줄 방법을 찾아보자.

혹은 가보를 팔아서 수익금을 좋은 일에 쓰는 것이다. 존 삼촌의 스포츠 장비가 아끼는 조카의 야구 캠프 비용으로 쓰인다면 삼촌은 얼마나 기뻐하실까? 이와 마찬가지로 제인 이모는 크리스탈 그릇 덕분에 당신이 새로운 주방 수납장 비용을 낼 수 있었다는 걸 알면 즐거워할 것이다. 아니면, 가보를 팔아 얻은 수익금을 좋아하는 자선 단체에 기부하는 것은 어떨까? 만약 가보가 꽤 비싼 물건이라면 소중히 보관하거나, 선물하거나, 기증하거나, 팔아버려라. 하지만 돈이 될지도 모른다는 이유로 무작정 집에 보관하지는 마라. 우리는 물려받은 우표 수집품이나 유화가 나중의 은퇴 자금이 될지도 모른다는 환상에 젖어들기도 하지만 대부분의 경우는 가보를 깊숙이 감추어두고 당장 처리하지 않아도 되는 편리한 이유에 불과하다. 그러니 실제 가격이 얼마나 되는지, 가보의 시장 가치를 확인하기 위해 인터넷 상점과 경매 사이트에서 비슷한 물건들을 조사하라. 그러다 보면 당신은 그 물건이 지극히 평범한지 아니면 대단히 귀한지 알게 된다. 만약 후자라면, 전문가에게 감정을 받거나 경매장에 평가를 의뢰하라. 하지만 할머니의 '훌륭한' 은식기가 헐값에 팔리고 있더라도 크게 실망하지는 마라. 그럼에도 불구하고 가보를 계속 간직한다면, 언젠가 뜻밖의 횡재를 안겨주리라는 기대 때문이 아니라 가보 자체가 가진 장점 때문이어야 한다.

어떤 물건은 가격과 전혀 관계없이 감정적인 이유만으로 손에서 놓아주기 어려워지기도 한다. 그렇다면 특별한 제품 한두 개를 선택해서 자랑스럽게 진열하라. 만약 가보가 커다란 물건 하나라면, 그 일부만 보관해도 괜찮다. 또한 가보를 디지털로 변환시켜 그 정서만 남겨두는 것도 좋다. 오래된 엽서나 편지, 문서, 인쇄물은 스캔하고 더 큰 물건을 디지털 사진으로 찍어두자.

마지막으로, 당신은 몇 가지 물건들을 유산으로 남겨주려고 마음먹었는지도 모르겠다. 너무 가혹하게 들릴지도 모르지만 그래도 명심해두기 바란다. 당신의 자녀는 그 물건들을 전혀 원하지 않을지도 모른다. 자녀들은 당신의 민예품으로 무엇을 해야 할지 감조차 잡지 못할뿐더러 당신이 남긴 아르데코(1920~30년대에 유행한 장식 미술의 일종으로 기하학적 무

닉와 강렬한 색채가 특징이다—옮긴이)풍의 사이드보드(주방에서
상으로 가져갈 음식과 수저류 등을 놓아두는 작은 탁자—옮긴이)는
아이들이 가진 물건들과 어울리지 않는다. 만약 물려주고 싶
은 귀한 물건이 있거든 어느 편이 아이들에게 더 좋을지 생
각해보라. 아이들은 나중에 직접 물건을 처분하는 것보다는
당신이 지금 판매하는 걸 도울 때 더 행복해할 것이다. 물건
의 분류 및 정리를 자산 계획의 일부로 삼아라. 당신이 살아
있는 동안은 소장한 물건의 수를 줄이고 잡동사니를 다음 세
대에 물려주지는 마라.

정서적인 물건

안타깝게도, 우리가 걱정해야 할 정서적인 물건이 가보 하
나만이 아니다. 살아가는 동안 우리는 수많은 물건을 스스로
늘려나가기 때문이다. 각종 사건, 인생의 이정표, 통과 의례
는 저마다 '부속품'을 수반하는 듯하다. 그리고 이 기념 물품
들은 없애기도 힘들다!

우리는 참견할 권리가 생기기 훨씬 전인 세상에 태어나는
순간 그런 물건들을 늘려나가기 시작한다. 어쩌면 부모님은
당신이 처음 사용한 숟가락이나 유아용 컵을 간직하고, 당신

이 처음 신은 신발이 햇빛에 바래도록 가지고 있었는지도 모른다. 그리고 당신의 성적표, 수영 트로피, 미술 시간에 그린 그림 등을 어딘가에 보관해두었을 것이다. 또한 어린이 야구단 유니폼이나 걸스카우트 배지도 그대로 두었을 것이다. 우리는 나이가 들어가면서 부모님이 넘겨준 배턴을 그대로 물려받는다. 고등학교 졸업 앨범과 가운, 사교 클럽의 기념품, 극장의 티켓 반쪽, 여행에서 산 장신구, 엽서, 연하장, 편지 등을 고이 간직하는 것이다. 그러고 나서 결혼하고 아이를 낳은 뒤 아이들의 물건을 보관하기 시작한다.

이런 물건은 추억과 감정이 묻어 있으므로 분류해서 정리해버리기 어렵다. 이런 물건과 작별하기란 마치 우리 자신과 헤어지는 것 같은 기분이다. 하지만 누구나 알고 있듯이 그건 사실이 아니다! 우리가 살아가면서 겪는 사건과 경험이 물건으로 형상화되는 것은 아니다. 물건은 부러지거나 녹슬거나 없어지는 덧없는 존재이지만 추억은 영원히 지속된다.

그 점을 명심하고, 정리 작업을 하는 동안 우리의 발목을 붙드는 몇 가지 정서적인 물건들에 대해 생각해보자.

결혼 기념품

결혼식은 당신의 인생에서 가장 중요하고 기억에 남는 순간 가운데 하나다. 그러나 당신은 오직 배우자와 결혼한 게 아니라 물건 한 무더기와도 손을 잡은 것처럼 보인다. 마치 드레스와 옷자락, 머리 장식, 베일, 구두, 가터벨트, 선물, 청첩장, 꽃, 리본, 케이크 장식, 개인 식기, 식탁 중앙 장식물, 방명록, 사진 앨범, 액자, 카드, 양초, 장식품, 그리고 결혼식에 당신의 삶으로 걸어 들어온 다른 기념품들을 간직하기 위해 평생 노력한 것처럼 느껴진다. 그래도 이 점을 기억해두자. 당신은 각종 신부 용품들이 아니라 '배우자를 맞이함께 하겠다'고 약속했다.

물건은 부러지거나 녹슬거나 없어지는

덧없는 존재지만

추억은 영원히 지속된다.

이런 품목을 다룰 때에는 한도를 설정하라. 간직할 물건을 몇 가지 선택하거나 수집품의 개수를 줄여 용기 하나에 들어갈 만큼만 보관하자. 단, 드레스는 좀 특별하다. 웨딩드레스는 망가지기 쉽고 부피가 크며 보관하기 까다롭지만 그렇다고 감히 없애겠다는 생각은 하지 못한다. 하지만 이런 점을 진지하게 고민해보자. 다시는 입지 않을 옷을 무엇 때문에 보관할까?

혹시 딸에게 물려주려고 보관하는가? 사랑스러운 생각이기는 하지만 딸이 그 드레스를 입지 않을 것 같다(당신은 어머니의 드레스를 입었나?). 드레스를 고르는 것은 신부가 마땅히 치를 통과의례다. 딸이 창고에서 30년 묵은 드레스를 선택할 가능성은 극히 적다. 더욱이, 창고의 상황은 그런 섬세한 의상을 손상시키기 쉽다. 혹시 드레스의 상태가 여전히 좋다면 팔거나 기부하거나 수선하라. 칵테일 드레스로 만들어도 좋고, 드레스 옷감으로 손가방이나 반지 쿠션을 제작해 딸의 결혼식에 '오래된 물건(미국의 결혼식 전통에 따르면 신부는 오래된 물건과 새로운 물건, 빌린 물건, 푸른색 물건을 하나씩 꼭 착용해야 한다−옮긴이)'으로 활용해도 괜찮다.

자녀의 물건

당신은 물건 분류 및 정리의 전문가처럼 굴다가 아들이 유치원에서 그린 그림을 보고 멈칫할 수도 있다. 당신의 심장이 녹아내리고 결심이 연기처럼 사라진다. 아이가 만든 것은 마지막 하나까지 간직하고 싶은 게 부모의 본능이지만, 낡은 공예품과 학교 과제를 잔뜩 쌓아두는 것보다는 널찍한 환경을 마련해주는 편이 자녀를 더 잘 보살피는 것이다. 그렇지만 아이들의 천재성을 입증해주는 물건들과 작별하는 게 과연 가능할까?

그렇다면, 보관할 물건의 한도를 설정하자! 모든 것을 보관할 수는 없으니 가장 특별하고 독특한 작품을 선별하자. 만약 아이가 이미 집을 떠난 뒤라면 결정은 당신의 몫이다. 하지만 아이가 당신의 울타리를 아직 벗어나지 못했다면 아이의 도움을 받아서 목록을 작성하라. 그렇게 하면 아이가 가장 소중히 여기는 게 무엇인지 알 수 있다. 한 학년이 끝날 때마다 아이가 좋아하는 과제와 그림을 골라서 보관 상자에 넣는 것을 도와주어라. 원한다면, 아이가 보관하지 않기로 한 물품을 디지털로 변환해 후손을 위해 남겨두고 원본은 조부모와 친척들에게 넘겨라.

아이들이 떠나간 빈 둥지의 크기를 줄이는 중이라면 이 물건들은 성인이 된 자녀에게 넘겨라. 아이들이 받아준다면 정말 좋은 일이다! 그 물건들을 어떻게 처분할 것인지 스스로 결정할 수 있을 테니까. 만약 거절하거든, 이 점을 깨달아야 한다. 그 물건들이 자녀에게 별로 중요하지 않다면 당신이 보관할 이유도 없다.

손으로 만든 물건

취미는 창의력의 훌륭한 배출구다. 그러나 때때로 우리 가정은 '예술' 작품들이 잡동사니처럼 쌓여 몸살을 앓는다. 공예를 배우면서 우리는 자꾸 연습하다 보면 완벽해진다는 교훈을 배운다. 그리고 우리가 기술을 숙달하는 동안 온갖 스케치와 그림, 목도리, 양말, 그릇, 스테인드글라스, 종이접기, 카드, 양초, 보석 등이 탄생한다. 그런데 우리가 직접 만들었다는 이유만으로 이 물건들을 버리지 않으면 문제가 발생한다. 현실적으로 한 번 생각해보자. 우리가 만든 작품의 대부분은 걸작이 아니고 반드시 보관할 필요도 없다. 그러니 가장 좋아하는 것만 소장하기로 하자. 나머지 물건은 버리거나 재료를 재활용해서 새로운 물건을 만들면 된다.

반대로, 다른 사람이 만든 '예술품'을 당신이 받을 수도 있다. 이를테면 언니가 떠준 양말이나 친구가 도자기 수업에서 만든 대접이다. 정중한 태도로 물건을 받고, 선물한 사람이 있는 자리에서 몇 차례 사용하라(멀리 사는 사람에게 받은 선물이라면 사진을 찍어 보내라). 하지만 당신의 취향에 맞지 않는 물건이라면 영원히 간직해야 한다는 의무감을 느끼지는 마라.

기념품

유명한 관광지나 기념관을 방문하면 그 주위에 반드시 존재하는 게 있다. 바로, 어디에나 존재하는 기념품 가게다. 어떤 이유에선지 관광지를 축소해서 만든 기념품 혹은 관광지의 모습을 그려 넣은 머그컵이나 티셔츠, 손가방을 집으로 가져오지 않으면 그곳에 실제로 다녀오지 않은 듯한 기분이 든다. 관광을 하면서 방문 사실을 입증해줄 물건을 집어오는 것은 너무도 자연스러워 보인다. 집에 돌아와 기념품을 꺼내고 나면 그제야 자신의 판단을 의심하기 시작한다. 이런, 후회해도 너무 늦었네!

물론, 여행의 경험은 싸구려 기념품과는 아무 관계가 없다. 하와이의 화환이나 에펠탑 모양의 장식품을 던져버린다고 파리에서의 낭만적인 주말여행이나 신혼여행이 사라지는 것은 아니다. 당신의 기억은 대량생산된 소품보다 훨씬 더 가치 있으므로 여행에서 가져온 잡동사니를 아무 미련 없이 솎아내라. 앞으로는 물건으로 여행을 추억하고 싶은 충동을 물리치기 바란다. 무언가를 집으로 가져오고 싶다면 자그마한 물건으로 결정하라. 엽서나 외국 동전은 여행을 다녀왔다는 확실한 '증거'로 제시할 수 있다. 디지털 사진은 이보다 훨씬 낫다. 공간을 전혀 차지하지 않고 아름다운 여행 기록을 제공하기 때문이다. 그렇기는 하지만, 기념품을 찾아다니거나 사진을 찍어대느라 방문하는 장소를 완전히 즐기고 경험하는 데 방해를 받아서는 안 된다. 당신의 추억이 최고의 기념품이니까!

PART FOUR

모두가 행복해지는 미니멀리즘

지금까지 우리의 물건을 간소하게 정돈했으니, 이제는 우리의 미니멀리즘을 한 단계 더 발전시켜보자. 여기서는 간소하게 사는 것의 즐거움을 가족들에게 소개해주고 그들을 정리정돈에 동참시키려 한다. 그러고 나면 더 단순한 생활방식이 어떻게 지구와 지구의 거주자들, 그리고 다음 세대에 이익을 안겨주고 결과적으로 우리에게 소비를 줄이고 지구에서 가볍게 살아가야 할 더 큰 동기를 부여하는지 이야기해보겠다.

29

가족과 함께하는 미니멀 라이프

지금까지 당신은 미니멀리스트의 사고방식을 길렀고, 스트림라인 기법들을 숙달했으며, 성공적으로 집 안을 정리했다. 하지만 당신은 그 영광을 한껏 누리면서도, 시선은 학령기 전 유아의 장난감이나 청소년기 자녀의 신발 혹은 배우자의 서류더미로 향한다. 이런…… 지금까지 자신의 잡동사니를 그렇게 열심히 치워왔지만 다른 사람의 잡동사니는 어떻게 하면 좋을까?

걱정하지 마시길. 당신은 가족들과 함께 미니멀리스트의 생활방식을 영위할 수 있으니까(아무리 대가족이라도 문제없다).

물론, 사람이 많을수록 잡동사니도 많은 법이다. 조금 더 복잡하게 표현하자면, 사랑하는 사람들의 나이가 많을수록 당신의 통제력이 줄어든다. 당신이 장화를 몇 켤레 처분하더라도 아기는 화를 내지 않겠지만 유아의 벨벳 바지나 배우자의 낡은 도구를 집 밖으로 쫓아내려는 요령이 훨씬 더 필요하다.

하지만 용기를 잃지 마라. 잡동사니 없는 가정을 이루는 것은 가능하며 노력할 가치가 충분한 일이다. 이번 장에서는 2인 가족이든 10인 가족이든 관계없이 효과를 볼 수 있는 상세한 실행 계획을 알려주겠다. 이 단순한 방법들은 다인 가구의 살림을 정리하기 위한 뼈대를 제공해준다. 본질적으로, 스트림라인 기법을 촉진시켜줄 대단히 강력한 가정 친화적 방법인 셈이다.

실행 계획에 대해 설명하기 위해 식구 한 사람 한 사람을 보다 자세히 파고들 작정이다. 영아, 유아, 학령 전 아동, 학령 아동, 청소년, 그리고 배우자 혹은 동거인을 개별적으로 살펴볼 것이다(내용을 조금만 미리 알려주면, 가장 쉬운 대상에서 시작해 가장 어려운 대상으로 이야기를 진행해갈 생각이다).

이번 장을 읽고 나면, 당신은 아마도 안도의 한숨을 내쉬며 미니멀리즘과 가족이 상호 배타적이지 않다는 걸 깨닫게 될 것이다. 사실, 미니멀리즘은 가정친화적일 뿐 아니라 가족에게 긍정적인 영향을 미친다. 집 안에 있는 여분의 물건을 모두 치운다면 우리는 사랑하는 사람들에게 공간과 시간, 에너지를 쏟아부을 수 있다. 그것이야말로 노력할 가치가 있는 일이 아닐까?

그러면 실행 계획에 착수해보자. 우리는 모범을 보이고, 세부 일정을 짜고, 각자의 영역을 설정하고, 반복적으로 실천할 일과를 정하며, '발신함'을 마련하는 순서로 작업을 진행해갈 것이다. 스트림라인 기법을 가족들에게 적용시키기 위해서는 이 정도가 전부다. 그리 어렵게 느껴지지는 않을 것이다.

모범 보이기

미니멀리즘의 즐거움을 발견하고 나면 도저히 흥분을 억누르기가 어려워진다. 실제로, 누군들 자신이 사용하지 않는 물건의 80퍼센트를 내다 버리고 싶지 않을까? 하지만 당신의 성공 가능성을 가장 높일 수 있는 방법은 말하기 전에 보여주는 것이다. 사랑하는 사람들에게 집 안을 정리하라고 전도하고 간청하며 잔소리를 하다 보면 오히려 정반대의 효과를 낳기도 한다. 물건을 간직하려는 결심만 더 확고하게 만들 뿐이라는 말이다.

말로 설득하고 부추기지 말고 모범을 보여라. 당신이 창조한 평온한 공간들로 가족들을 더 단순한 생활방식에 입문하게 만들라. 하루아침에 되는 일은 아니지만, 시간이 지나다 보면 배우자는 자신이 곤경에 처하는 일이 줄어들었고 열쇠 둔 곳을 잊어버리지도 않는다는 걸 알아차릴 것이다. 청소년기 자녀는 당신이 쇼핑몰에 들렀다가 쇼핑백을 잔뜩 끌고 돌아오지 않는다는 걸 알아차릴 것이다. 유아기 자녀는 당신의 청소 시간이 줄어들고 자신과 놀아주는 시간이 늘어났다는 걸 알아차릴 것이다. 바로 지금이 식구들을 설득할 때다. 더없이 온화한 태도로, 당신이 가는 길로 식구들을 인도하라.

이와 더불어, 당신이 물건을 정리하면서 얻은 경험은 식구들을 돕는 데 기여할 것이다. 당신의 물건을 놓고 깊이 고민한 뒤에야 비로소 식구들이 부딪힐 문제를 이해할 수 있고, 스트림라인 기법을 직접 실천한 뒤에야 비로소 식구들에게 필요한 방법을 효과적으로 알려줄 수 있다.

마지막으로, 당신 자신의 잡동사니를 깨끗이 치우면 식구들의 잡동사니가 크게 부각될 것이다. 식탁에 서류와 공예 재료, 잡지, 장난감이 한가득 쌓여 있으면 어느 물건이 누구 것인지 도저히 알아볼 수가 없다. 하지만 당신의 잡동사니가 사라지고 나면 식구들의 잡동사니는 더 이상 숨을 곳이 없다.

당신이 창조한 평온한 공간들로
가족들을 더 단순한 생활방식에 입문하게 만들어라.

아이들은 부모들을 지켜보고 흉내 내면서 너무도 많은 것을 배운다. 아이들에게 당신의 삶과 행복이 물건을 중심으로 돌아가지 않으며 아이들의 삶과 행복 역시 마찬가지라는 걸 보여주어라. 강박적으로 물건을 사들이지 말고, 매번 쇼핑몰에서 주말을 보내지 않으며, 무슨 수를 쓰더라도 옷장과 서랍장에 여분의 물건들을 꾹꾹 밀어 넣지 마라. 물건보다 경험을 소중히 여기고 소비보다는 가족과 보내는 시간과 자연, 공동체를 강조하기 바란다. 내가 미니멀리즘을 추구하는 엄마로서 대단히 자랑스러웠던 순간은 세 살배기가 이렇게 외쳤을 때였다. "장난감은 필요 없어. 그냥 태양만 있으면 돼."

무엇보다, 인내심을 갖는 것이 중요하다. 가족들은 당신처럼 빨리 깨달음을 얻지 못할 수도 있으니까. 그 동안 당신이 한 줄기 빛이 되어 더 단순한 생활방식의 즐거움을 널리 발산하고 그곳으로 가는 길을 훤히 비춰주어야 한다.

세부 일정 짜기

이제 흥미로운 부분이 시작된다! 운이 좋으면 당신의 즐거운 정리 작업은 주의를 끌었을 것이다. 누군가 지나가는 말을 한 마디 하든 약간의 호기심을 보이든, 아니면 슬며시 감탄을 하든 간에 이제 가족들을 미니멀리스트 대열로 끌어들일 때가 되었다. 당신이 어떤 방식으로 유도할 것인지는 가족들이 표현한 관심의 정도와 열정에 전적으로 달려 있다.

대부분의 경우, 소소하게 출발해 천천히 진행하는 편이 좋다. 당신이 물건을 비워나가면 얼마나 이익이 많은지를 몸소 보여주어 배우자나 아이들이 서서히 그 생각에 빠져들게 만들어라. 처음에는 식구들을 아주 작은 정리 작업에 참여시켜라. 이를테면 현관 수납장이나 주방의 잡동사니 서랍을 정리하는 것이다. 식구들이 거의 애착을 보이지 않는 공동의 물건을 정리하는 것에서 시작해 물건을 손에서 놓을 줄 아는 능력을 기르도록 한다.

어떤 사람들은 커다란 작업에서 출발하는 편이 식구들의 정리 욕구에 불을 붙이는 데 더 효과적이라고 믿는다. 창고를 치우면 식구들끼리 동지애가 생기고 엄청난 성취감을 느끼며 앞으로 정리를 잘 할 수 있다는 자신감이 강화된다.

실제로 사랑하는 사람들의 결속과 도움, 관심은 정리 과정에 큰 변화를 불러일으킬 수 있다. 당신의 아들이 더 이상 몸에 맞지 않는 T볼 장비를 손에서 놓지 못해 망설이고 있다면 이제 '진짜' 야구를 할 정도로 자랐다는 사실을 누나가 깨우쳐줄 수도 있다. 혹은 당신의 자녀가 아버지에게 창고에 있는 망가진 기타가 아니라 '멋진 기타'를 연주해달라고 이야기할 수도 있다.

하지만 작은 일부터 시작하든 커다란 일부터 시작하든, 핵심은 대화를 나누는 것이다. 적당한 기회를 봐서 가족회의를 열어보면 어떨까? 모든 식구가 탁자에 둘러앉아 정식 회의를 주재해도 좋고, 배우자와 단둘이 친밀한 대화를 나누는 것도 좋다. 그러면서 정리정돈에 관한 세부 일정을 짜면 된다.

첫째, 당신이 이루고 싶은 목표를 정확히 설명하라. "집을 정리하자"는 말은 너무 모호하다. 우선 큰 그림을 그려라. 식당을 말끔히 비워서 저녁마다 식탁에 앉고 싶은지, 창고를 정리해서 가족실로 개조하고 싶은지 식구들에게 알린다. 식구들이 이 작업에 동참하게 만들기 위해서는 공동의 목표가 무엇인지 이해할 필요가 있으니까.

그 다음으로, 이유를 설명하라. 창고를 정리하자고 할 때는 식구들이 물건에 이리저리 부딪히지 않고 즐겁게 놀 수 있는 공간을 만들어주고 싶다는 것을 알린다.

마지막으로, 방법을 상세히 설명하라. 한 번에 수납장 하나씩 정리할 생각인가? 주말 동안 창고를 말끔히 치울 건가? 가족 중 누가 물건을 더 많이 솎아냈는지 알아보는 정리 대회를 열어볼 작정인가? 작전을 성공시키는 데 필요한 방법을 식구들에게 알려주자.

가족 한 사람 한 사람에게
물건을 보관할 공간을 할당해주자.

이제, 이런 궁금증이 피어오를 것이다. 물건을 버릴 때마다 매번 가족 전원의 의견이 일치해야 할까? 그렇지는 않다! 문제가 되는 물건이 특정 구성원의 소유가 아닐뿐더러 금전적으로든 정서적으로든 아니, 어떤 식으로든 별 가치가 없다면 아무도 모르게 자유롭게 정리해버려도 괜찮다. 실행 가능한 결정을 내리고 다툼을 피하며 가족 구성원이 각자의 물건을 정리하는 데 집중하도록 내버려두자.

각자의 영역 설정하기

형제자매와 방을 같이 쓰던 시절에 각자의 영역을 표시하기 위해 중앙에 테이프로 선을 그었던 것을 기억하는가? 음, 지금부터 우리도 그 비슷한 작업을 하려고 한다. 바보 같은 말처럼 들릴지도 모르지만 잡동사니 없는 가정을 꾸리기 위해서는 꼭 필요한 일이다.

여기서 핵심은 가족 한 사람 한 사람에게 물건을 보관할 공간을 할당해주는 것이다. 이런 조치만으로도 가족들이 '정리'라는 단어를 듣자마자 느끼는 두려움을 덜어줄 수 있다. 사랑하는 가족들에게 물건을 모조리 버릴 필요는 없다고, 그저 자기의 물건을 각자 할당받은 공간에 보관하기만 하면 된다고 강조하라. 본질적으로, 이 방법은 큰 범주에서 한도를 설정하고 모든 식구가 각자의 소지품을 책임지게 만드는 것이다.

지정된 공간은 자녀의 침실이나 놀이방 혹은 서로 합의 아래 가족실의 일부분으로 정할 수도 있다. 배우자의 서재, 취미방 또는 창고의 일부도 가능하다(필요하다면 테이프로 선을 그어도 좋다). 우리의 목표는 개인의 잡동사니를 개인 공간에 수납해 공용 공간을 깨끗이 치우는 것이다.

처음에는 가족의 공용 공간을 대대적으로 치우다 보면 개인 공간에 잡동사니가 쌓일 것이다. 하지만 걱정하지 마라! 배우자나 자녀가 잡동사니를 처리하려면 먼저 그 실체를 확인할 필요가 있으니까. 물건들을 한데 모아두면(그리고 더 이상 집 안 구석구석에 널려 있지 않으면) 한결 분명히 드러나는 효과가 있다.

얼른 작업에 뛰어들어, 물건을 한데 모으는 동안 버릴 것과 소중한 것, 넘겨줄 것을 조금씩 분류하라. 딸아이는 더 이상 갖고 놀지 않는 인형 집을 거실에 놓아두는 건 얼마든지 괜찮다고 생각하면서도 자기 방에 보관하는 것보다는 버리는 편이 낫다고 여길 것이다. 이와 마찬가지로, 배우자가 1년치의 잡지를 모아둔 이유는 식탁에 쌓아두는 게 더없이 편리했기 때문이다. 이들에게 자기 방으로 가져가고 싶지 않은 물건을 처분할 기회를 주면 어떨까?

가장 중요한 것은, 가족 공용 공간이 유동적인 곳임을 모든 가족들에게 이해시키는 것이다. 달리 말해, 거실에서는 장난감을 가지고 놀기도 하고 책을 읽기도 하며 공예품을 만들 수도 있지만 하던 일이 끝나면 반드시 말끔히 치워야 한다는 것이다(가장 바람직한 것은 매일 저녁 치우는 거다). 가끔은 잠시 동안 예외를 두어야 할 때도 있다. 하지만, 마감일을 정해두기로 하자. 각자의 영역을 설정하는 주된 이유는 가족들의 활동을 제한하는 게 아니라 그들에게 공간을 마련해주기 위해서라는 걸 기억해두기 바란다!

일과 정하기

가족들의 물건 정리 작업을 성공적으로 끝마치거든 잠시 휴식을 취하며 축하하자. 배우자와 자녀에게 정말 잘했다고 칭찬해주고 잠시 시간을 내어 새로 찾아낸 공간을 감상하자(코트 수납장에 여분의 공간을 조금 마련한 데 불과하더라도 상관없다). 이 성과를 승리라고 생각하라! 정리정돈을 어쩔 수 없이 하는 지루한 잡일이 아니라 즐겁고 긍정적으로 느낀다면 가족들은 집 안을 더 정리하고 싶어 할 것이다.

이제 샴페인 잔을 잠시 내려놓자. 당신이 할 일이 다 끝난

건 아니니까. 물건을 대대적으로 솎아냈든 조금밖에 솎아내지 못했든 간에, 당신은 새로운 일과를 정해 잡동사니가 되돌아오지 못하게 막아야 한다. 제발 부탁인데, 이 과정을 건너뛰지 마라! 본래 어떤 시스템이건 무질서해지고 붕괴되는 경향이 있다. 내일이 되면 딸아이는 생일파티에서 얻은 과자와 선물 보따리를 집으로 가져올 테고, 배우자는 세일하는 물건을 사들고 오며, 아들은 커피 테이블 위에 새로 모은 돌조각을 던져둘 것이다.

아무리 열심히 노력한다 해도 당신 혼자서 모든 상황을 훤히 파악할 수는 없다. 정리정돈 일과에는 모든 식구가 참여해야 한다. 우선, 저녁마다 잡동사니를 싹 치우는 일부터 실천하자. 저녁식사와 취침 시간 사이의 시간을 골라서 모든 사람이 집 안 전체를 점검하고 개인 물품을 수거해서 제자리로 돌려놓도록 하자. 물론, 처음에는 자신이 훈련 교관처럼 느껴지기도 하겠지만 시간이 지나면 조금씩 수월해질 거다. 그리고 매일 하다 보면(불평불만을 늘어놓지 않고) 길어야 10분이면 작업이 완료된다.

이 저녁 일과는 잡동사니를 저지하는 대단히 효과적인 방법이다. 24시간 동안 잡동사니가 쌓인들 얼마나 되겠는가.

그보다, 잡동사니를 매일 정리하는 번거로운 작업을 하다 보면 가족들이 '잡동사니가 더 많으면' 어떤 단점이 있는지 알아차리게 된다. 물건이 많을수록 매일 밤 더 많은 시간과 노력이 들어가야 하는 반면, 물건이 적을수록 즐겁게 지낼 시간이 늘어난다.

두 번째로 소개할 일과는, 물건을 사용한 즉시 제자리로 돌려놓는 것이다. 자녀는 최대한 어린 나이에 이런 습관을 배워야 한다. 이것이 불가능하다고 생각된다면, 시간이 날 때 몬테소리 수업을 참관해보라. 두세 살밖에 안 된 아이들이 물건을 사용하고 나면 그 즉시 정해진 장소에 조심스레 돌려놓는 모습을 볼 수 있다.

마지막으로, 하나가 들어오면 하나가 나간다는 규칙은 일찍 실천할수록 좋다. 그러니 어린 자녀가 새 장난감을 얻으면 낡은 장난감을 포기하는 데 익숙해지도록 가르쳐라. 이런 연습을 해두면 생일과 명절에 선물이 물밀 듯 밀려들어올 때 특히 효과적이다. 같은 원리로, 청소년기 자녀에게 청바지나 운동화를 새로 사면 기존의 물건을 포기하라고 권하기 바란다.

안타깝게도, 정리는 우리의 생활을 영원히 말끔하게 만들어주는 일회성 행사가 아니다. 가족과 함께 산다면 더욱 그렇다. 하지만 사랑하는 가족들이 물건을 관리하는 새로운 일과를 정하도록 당신이 도와준다면 잡동사니 없는 가정이 유지될 가능성이 한결 커진다.

발신함 마련하기

때때로 당신의 집은 마치 커다란 수신함처럼 보인다. 장난감, 의류, 서류, 구입한 물건, 선물, 각종 도구 등이 집 안으로 들어온다. 안타깝지만, 물건들이 문 밖으로 다시 나가는 길은 그리 명확히 보이지 않는다. 물건들이 집을 떠나기 쉽게 만들려면 '발신함'을 마련해두어야 한다. 물건이 집으로 들어오기는 무척 쉬우므로 그만큼 물건이 집 밖으로 나가는 것도 쉬워지도록 만들어야 한다.

정리 작업이 실패하지 않으려면, 즉 당신이 그간 기울인 모든 노력이 수포로 돌아가지 않도록 하려면 어떻게 해야 할까? 가족들이 물건을 처리하기 편리하게 만들면 된다. 버릴 물건이 생긴 경우 다음번 알뜰시장을 열 때까지 보관하는 것은 쉬운 방법이 아니고, 이 발신함에 집어넣는 편이 더 쉽다. 미니멀리스트의 목표에 한 발 더 다가서기 위해 때로는 저항감이 가장 적은 방법으로 물건을 정리하면 도움이 된다.

그러면 발신함에 대해 좀 더 이야기해보자. 발신함은 어떤 물건에도 잘 맞게 크기가 크면 좋고, 가족들이 못보고 지나치지 않도록 선명한 색이 좋겠으며, 다니기 편한 곳에 놓아두면 좋겠다. 가급적 넉넉하게 만들어두어야 낡은 담요나 망가진 스피커를 버리려던 사람이 작은 상자를 보고 버릴 마음이 싹 가시지 않을 것이다.

마지막으로, 무엇보다 장소가 중요하다. 만약 발신함을 지하실 뒤쪽 구석이나 창고 밖에 놓아둔다면 가족들은 그렇게 멀리 가서 버려야 할 정도는 아니라고 생각할 수도 있다. 그보다는 가족 구성원 모두에게 편리한 중앙에 설치하는 편이 좋다. 더 좋은 위치는, 당신이 생각하기에 잡동사니가 가장 많이 나올 것 같은 장소에서 몇 걸음 떨어지지 않은 곳이다. 현관 수납장이 자녀의 침실이나 배우자의 서재와 가까운 것과 같은 이치다.

잡동사니 정리의 책임자로서 당신은 발신함 설치를 감독해야 한다. 발신함을 통합 재활용 수거함으로 생각하라. 가족들은 발신함에 아무 물건이나 던져 넣을 수 있으니 편리하겠지만 결국 당신이 분류 작업을 해야 한다. 왜 그럴까? 열

두 살 먹은 아이가 옷을 버리기도 하고, 청소년기 딸아이가 바이올린을 버리기도 하며, 장난꾸러기 남동생이 누나가 좋아하는 테디 베어 인형을 버릴지도 모르기 때문이다. 당신은 처분할 계획이 있는 물건만 버리고 싶고 더 귀한 물건은 적당한 방법으로 처리하고 싶을 것이다(즉, 팔거나 기부할 작정이다). 발신함이 얼마나 빨리 채워지는가에 따라서 매주, 매달, 혹은 계절이 지날 때마다 발신함을 꼼꼼히 살펴보라. 무엇보다, 버릴 물건이 들어갈 공간이 남아 있는지 항상 확인하라!

전 가족이 실천할 일반적인 계획을 세웠으니 식구 개개인을 위해 보다 구체적인 계획을 짜자. 여기서는 아기부터 배우자에 이르기까지 모든 가족 구성원에게 맞는 상세한 정리 비법을 알려주려고 한다.

아기

만약 당신이 아기에게 정리정돈 계획을 들려준다면, 아기는 당신의 미니멀리즘 계획을 진심으로 지지할 것이다. 아기들은 아기 가구, 테마를 살린 실내 장식, 자동 그네, 디자이너 침구, 귀여운 목욕 수건, 장식이 많은 옷, 멜로디 모빌, 그 밖에 아기에게 꼭 필요한 물품들에 전혀 관심이 없기 때문이다. 아기가 원하는 것이라곤 당신의 다정한 팔과 웃음 띤 얼굴, 집중적인 관심뿐이다.

대부분의 경우, 아기용품은 아기 본인보다는 막 부모가 되었거나 곧 부모가 될 사람들에게 한층 유용하다. 하루아침에 뒤바뀐 부모들의 생활을 좀 더 쉽고 편리하며 멋지게 바꾸겠다는 약속을 내세워 팔려나간다.

내가 건넬 수 있는 최고의 충고는, 아기가 아직 태어나지 않았다면 출산 전에 필요한 가장 기본적인 물품만 구입하라는 것이다. 실제로 엄마가 되어 정말 필요한 게 무엇인지 알게 될 때까지는 잠자코 기다려라. 아기용품점은 당신이 출산한 뒤에도 계속 장사를 하고 있을 테고, 인터넷 쇼핑몰도 여전히 당일 발송 서비스를 제공할 것이다. 그러니 마음 놓고 필요한 순간에 필요한 물건을 구할 수 있다는 걸 기억하라. 선물 대신에 상품권을 받는 것도 좋다. 길게 볼 때 훨씬 유용하기 때문이다.

만약 육아실이 유치원생에게나 필요한 물건들로 벌써 가득 차 있다면 방 꾸미기를 다시 시작하라. 당신의 아기를 창고 같은 곳에서 재우지 마라. 물건을 모두 밖으로 꺼내고 자주 사용하는 물건들만 도로 집어넣자. 육아실이 평온하고 넓어 마음이 편안해진다면 아기에게도 엄마에게도 두루 좋다.

그러면 아기가 태어난 첫 해에는 정확히 어떤 것들이 필요할까? 그 해답은 아기가 당신에게 알려줄 것이다(내 경험을 말하자면, 속싸개를 여섯 장이나 준비해두고 나서야 아기가 담요로 꽁꽁 싸매면 싫어한다는 걸 알게 되었다).

아기가 아직 태어나지 않았다면

출산 전에 필요한

가장 기본적인 물품만 구입하라.

혹시 실수를 하더라도 괴로워하지 말기 바란다. 나도 딸아이가 진저리를 치는 아기 그네를 자포자기하는 마음에 경솔하게 내다 버린 적이 있었으니까. 그저 좋은 경험으로 한 수 배웠다고 생각하고 기부하거나 팔아버린 뒤 잊어버리자. 아기에게는 물건이 많은 것보다 공간이 넓은 편이 더 좋다는 사실만 명심해두기로 하자.

아직도 당신의 물건을 처분해 최소한의 것만 남겨두지 못했다면 아기가 누워 지내는 시기가 그 작업을 하기 가장 좋은 때다. 아기가 기어다니고, 걸음마를 시작하고, 자동차를 타고 집 안을 누비기 시작하면 집 안 정리야말로 아기를 보호하는 최고의 안전장치라는 걸 깨닫게 된다. 몸에 부딪히는 가구, 발에 걸리는 물건, 그리고 넘어뜨릴 장식품의 수가 적을수록 아기는 상처를 적게 입고 당신의 마음은 더 평화로워진다.

유아와 학령기 전 유아

아기가 유아기에 접어들면 상황은 조금 더 복잡해진다. 어쩌면 당신은 아이의 의사와 관계없이 마음대로 정리할 수 있다고 생각하겠지만, 이 시기에 아이는 통제욕과 소유욕이 커진다("싫어" "내 거야" 같은 표현이 유아가 가장 선호하는 표현이다).

나는 이런 사실을 힘들게 배웠다. 딸아이가 몇 달 동안 가지고 놀지 않던 물건을 기꺼이 솎아내며 아이가 이 일을 상관하지도 알아차리지도 못할 것이라고 추측했다. 하지만 두어 살쯤 되면 아이는 육감이 발달해 무언가가 사라지는 것을 기막히게 알아차린다(심지어 1년 동안 만지지도 않은 물건도 마찬가지다).

미니멀리스트다운 충고는 아니겠지만, 정리하기로 마음먹

은 유아의 물건의 '대기 존'을 마련해두면 좋겠다. 달리 말해, 물건이 우리 집을 완전히 떠나기 전에 몇 달 동안 머물 수 있는 공간을 만들라는 말이다. 그렇게 하면, 당신의 어린 자녀가 물건이 사라진 걸 알아차리고 울고 악을 쓰며 바닥에 굴러다닐 때 당신은 동일한 물건을 두 번 구입하는 굴욕을 맛보지 않고도 아이의 물건을 되돌려놓을 수 있다.

2~5세 가량의 아이들은 소유권의 개념을 잘 이해하고 세상 물건이 다 '내 거'는 아니며 그것을 다른 아이들과 같이(잠시 혹은 영원히) 쓸 수도 있다는 사실을 알아차린다. 사실, 이 또래의 아이는 '아기용' 물건을 넘겨주고 싶어 안달을 하고 그런 행동에서 자부심을 느낀다. 이런 의욕을 이용해 정리정돈을 좋아하게 만들어라.

또한 유아와 학령기 전 유아는 '어떤 물건이든 제자리가 있는 법이니 물건은 모두 제자리에 두어야 한다'는 걸 가르치기 딱 좋은 나이다. 당신의 노력이 조금 더 필요하기는 하다. 아이의 물건을 꺼내기 쉬운 (그리고 되돌려놓기 쉬운) 선반에 진열해두자. 필요하다면, 아이 물건을 수납하는 자리에 장난감 사진을 붙여두어도 좋다. 그리고 아이가 장난감을 가지고 놀고 있으면 다른 장난감을 꺼내기 전에 기존의 장난감을 제자리에 돌려두도록 도와주자.

통이나 바구니 같은 모듈을 사용해 블록이나 퍼즐처럼 여러 조각으로 이루어진 장난감들을 보관하자. 필요할 경우에는 용기 밖에 내용물의 사진을 붙여도 좋다. 이 전략은 아이가 물건을 정리하는 데에도 유용하지만 분류와 범주화처럼 중요한 인지 발달에도 도움이 된다. 그러므로 자녀에게 스트림라인 기법을 일찍 가르쳐주면 아이를 훨씬 더 똑똑하게 키울 수 있다!

학령기 아동(만 6~12세)

잡동사니 정리는 학령기 아동에게는 전혀 새로운 차원의 문제다. 이 또래의 아이들은 정리정돈에 완전히 참여할 수 있고 어느 정도는 혼자 정리하는 것도 가능하다(물론 발신함은 여전히 내가 감독하겠지만). 그러면, 즐거운 작업을 시작해볼까?

학령기 전 유아가 버릴 것, 소중한 것, 넘겨줄 것에 대해 겨우 이해하기 시작한 정도라면, 학령기 아동은 분류 작업에 뛰어들 준비가 되어 있다. 이 또래의 아이들은 결정 내리기를 좋아한다. 창고에 어울리는 물건이 무엇인지, 자기가 보관하고 싶은 물건이 무엇인지, 그리고 자기는 원하지 않지만 다른 누군가가 원할 법한 물건이 무엇인지 분명히 이해하고 있다. 그 마지막 말에서 미루어볼 때, 아이들은 공감과 자비심이 생겨나는 중이며 자기가 쓰지 않는 물건을 형편이 좋지 못한 아이에게 주고 싶어 하는 경우도 많다.

여기에 덧붙여, 학령기 아동은 물건을 간직해야 할 이유를 만들어 명확히 표현할 줄도 안다. 안고 있는 걸 좋아해요, "행복해져요" "할머니가 줬어요" "아주 근사한 사이렌 소리가 나요" 등등(아이들이 그럴 듯한 이유를 댄다고 말하지는 않았다). 아이들은 물건을 간직하지 않아도 되는 이유도 만들어 낼 줄 안다. "망가졌어요" "더 이상 나한테 안 맞아요" "이 나이에 가지고 놀기는 좀 유치해요" 등등. 아이들을 설득해 물건을 분류하고 정리하게 하면, 아마 물건과 이야기를 나누면서 무척 즐거워할 것이다.

학령기 아동은 혼자 힘으로 물건을 치울 줄 안다. 이 또래 아이들은 독립심을 키워나가는 중이므로 곧잘 새로운 책임을 떠맡고 임무를 잘 끝마치면 자부심을 느끼곤 한다.

또한 그들은 자기만의 모듈을 만들어 즐거운 마음으로 물건을 분류할 가능성이 크다. 당신은 적당한 용기를 마련해주고 한도를 알려주어야 한다. 아이에게 지정된 상자에 들어가는 장난감 자동차(혹은 액션 피규어나 미술 재료)는 모두 간직할 수 있다고 말해주어라. 아마도 자신이 좋아하는 장난감을 고르고 정리하는 걸 재미있어할 듯하다. 그뿐만 아니라 하나가 들어오면 하나가 나간다는 규칙, 다시 말해 새로운 장난감이 상자에 들어오면 옛날 장난감 하나가 떠나야 한다는 것을 이해할 수 있는 나이다.

이 나이에는 일상 관리에 본격적으로 뛰어들어도 된다. 아이가 매일 밤 자기 방을 치우는 습관을 들이도록 도와주자. 그렇게 하면 손대기 어려울 정도로 방이 어질러지거나 잡동사니가 늘어나지 않을 뿐더러 아이에게 간소한 삶의 가치를 간접적으로 가르치는 데에도 유용하다.

청소년

좋은 소식을 하나 들려줄까? 청소년기의 자녀는 스트림라인 기법을 혼자서도 완벽하게 실천할 수 있다. 아이에게 기법을 소개해주면 당신은 정리정돈의 수순에서 한 걸음 뒤로 물러서도 좋다. 이 또래 아이들에게 당신이 할 주된 역할은 간단한 길잡이를 제공하고 의욕을 북돋아주는 것이다.

이 부분이 상당히 어렵다. 대체 무슨 수로 청소년기 아이들이 자기 물건을 줄이도록 만들겠는가? 이 또래 아이들은 부모를 기쁘게 해줄 의사가 없는 것으로 유명하지 않은가? 성공의 비밀은 바로 여기 있다. 아이들은 부모가 아니라 자신을 위해 정리한다고 믿어야 한다.

청소년기 자녀에게 방에 있는 물건을 모두 꺼낸 뒤에 좋아하고 반드시 필요한 것들만 되돌려놓으라고 일러두어라. 그러면 어떻게 아이의 열정에 불을 붙이면 될까? 잡동사니 정리 작업을 '방 개조'라고 불러라.

청소년기 아이들을 참여시키는 가장 좋은 방법은 자신들도 곧 성인이라는 의식에 호소하는 것이다. 아이들은 몇 년만 지나면 둥지를 떠날 테고 벌써부터 미래의 생활방식을 상상하고 있을지도 모른다. 자기만의 보다 어른스러운 공간을 만들 수 있는 이 기회를 활용해 아이들이 유치한 잡동사니를 솎아내고 싶은 마음이 생기기를 희망한다(독립하는 날보다 지금 시작하는 편이 더 좋다).

만약 자녀가 야구 카드 수집품이나 초등학교 졸업앨범 혹은 할머니에게 받은 선물을 버리고 싶어 한다면, 그냥 내버려두자. 만약 아이가 캐노피 침대와 옷장 세트를 없애고 싶어 한다면 그냥 내버려두자. 만약 당신이 많은 돈을 투자해 힘들게 모아준 인형 수집품을 아이가 버리고 싶어 한다면 그 것 또한 어쩔 수 없다.

청소년기 아이들을 설득하는 가장 좋은 방법은
자신들도 곧 성인이라는 의식에 호소하는 것이다.

개조의 핵심은 청소년기 자녀에게 방을 꾸밀 돈을 주는 것 이 아니다. 내가 권하고 싶은 유일한 사치는 페인트칠을 새 로 하는 것이다. 새로운 색상으로 칠하면 방이 달라졌다는 인상이 한층 강해지기 때문이다. 방을 단장한다고 새로운 물 건을 구매하는 것은 아니며 자신의 공간을 좋아하는 물건으 로 다시 꾸미는 것이다.

아이가 원하는 것은 무엇이든 버려도 된다고 허락해주어 라. 아이가 미니멀리스트로 변모한 모습에 깜짝 놀랄 것이 다. 지금처럼 더 많은 물건을 소유하라는 각종 마케팅과 광 고, 또래의 압력이 정신없이 쏟아지는 시대에 원하는 물건이 더 적어도 괜찮다고 생각하는 건 쉽지 않기 때문이다.

청소년 자녀가 방을 너무 어지르거나 쇼핑을 너무 많이

한다는 이유만으로 미니멀리스트가 되지 못하는 것은 아니다. 그저 아이가 그것밖에 모르기 때문일 수도 있다. 아이에게 더 단순한 생활방식을 소개하면 어떨까? 현재 상황에 맞서야 한다는 사실이 아이의 반항적인 측면을 자극할 만하다. 만약 당신과 한 집에 사는 동안 아이가 미니멀리즘을 받아들이지 않더라도 여전히 당신은 놀라운 선물을 건넨 셈이다.

애인이나 배우자

마지막으로, 애인이나 배우자가 정리정돈에 참여하도록 설득하는 문제에 대해 이야기해보자.

만약 애인과 단순히 거주 공간을 합치는 중이거나 조만간 그럴 예정이라면, 다시 시작하기 좋은 기회다. 모든 품목을 두 개씩 구비한 채 동거를 시작하지는 마라. 살림을 합치기 전에 겹치는 물건들을 빨리 추려내야 한다. 둘 중 어느 토스터, 진공청소기, 소파가 더 나은지 결정하기 어려워질 수도 있으니까. 미니멀리스트인 당신이 더 많이 양보해야 할지도 모른다. 하지만 동거를 시작하기 전에 물건을 줄이면 1인 가구에서 2인 가구로 넘어가는 과정이 좀 더 원만하게 이루어질 수 있다.

만약 얼마 동안 같이 살고 있었다면 조금 더 큰 어려움이 도사리고 있을 것이다. 하지만 두려워하지는 마라. 잘 해낼 수 있을 테니까! 운이 좋아서 애인이 미니멀리즘을 전적으로 포용해줄 수도 있다. 하지만 애인이 이 생각을 듣고 까칠한 반응을 보이더라도 크게 걱정하지는 마라. 교묘한 방법을 이용하고 인내심을 크게 발휘하면 '잡동사니 수집광'이라도 '정리 족'으로 변화시킬 수 있다.

그래도 중요한 일부터 먼저 해결하자. 애인의 물건에서 손을 떼라! 만지고 싶은 마음이 굴뚝같겠지만 미리 알리거나 허락을 받지도 않고 애인의 물건을 솎아내서는 안 된다. 애인이 알아차리지 못할 거라 생각하더라도 마찬가지다. 당신이 직접 정리하는 것이 친절하고 편리하다고 생각할 수도 있지만, 이런 행동이야말로 불신과 방어적인 태도를 기르고 당신의 성공 가능성을 철저히 짓밟는 가장 빠른 방법이다. 마치 꽃을 기르는 것과 비슷하다. 당신이 씨앗을 심고 비료를 주며 해가 날 때 물을 흠뻑 주어야 하지만 결국은 꽃이 스스로 자라서 꽃을 피워야 한다.

이제, 정리정돈의 씨앗을 심는 몇 가지 방법을 살펴보자.

- 앞에서 논의했듯이 모범을 보여라. 나는 미니멀리즘을 입증하는 가장 좋은 방법은 정리된 공간을 즐겁게 보여주는 것이라고 믿는다. 이를테면 간소하게 정리된 옷장, 아름답게 말끔해진 조리대, 혹은 꼭 필요한 물품으로 채워 말끔히 배열해둔 주방 서랍을 보여주라.

- 이 책을 눈에 잘 띄는 곳에 놓아두어라. 정리를 꺼리는 사람들도 제삼자가 제안하는 생각이라면 마음을 좀 더 열고 받아줄 듯하다. 그렇지 않으면, 잡동사니를 정리해서 부채를 청산한 가족의 이야기라든가, 진로를 변경하기 위해 자신의 물건을 추려낸 어느 중역의 이야기를 들려주자.

- 당신이 잡동사니를 정리하려고 어떻게 노력하는지 가볍게 이야기하라. 다음과 같은 말로 대화를 시작해서는 안 된다. "넌 물건이 너무 많아." 그렇게 말하는 즉시 상대방은 방어적인 자세를 취하게 된다. 새로운 취미에 대해 이야기할 때와 같은 말투로, 당신이 옷이나 공예품을 줄이기 위해 어떻게 노력하는지 설명하라. 가르치려는 듯한 태도가 아니라 정보를 공유하려는 느낌으로.

- 일단 씨앗을 심었으면 식물에 꼭 필요한 영양분을 공급해줄 때가 되었다. 옆에서 지켜보거나 윽박지른다고 식물을 키우지

는 못한다. 그 일을 하고 싶은 마음이 들게 만들어야 한다. 다음과 같은 방법을 활용해보자.

- 배우자에게 동기 부여가 될 만한 것을 이용하라. 당신이 배우자의 입장이라면, 미니멀리즘의 어떤 측면이 특히 매력적으로 느껴질 듯한지 알아내보자. 물건을 팔아서 휴가비를 마련하는 건 어떨까? 물건을 관리하는 데 드는 시간이 줄어들고 아이들과 보내는 시간이 늘어난다면? 소비를 줄이고 일찍 은퇴한다면? 정리를 하면 배우자에게 어떻게 도움이 되는지 강조하라.

- 쉽게 생각하자. 첫째, 개인 물품을 보관할 공간과 잡동사니가 쌓이지 않게 할 공간에 대해 합의하라. 그러고 나서 두 사람 모두 가지고 있는 사소한 욕실용품, 여분의 식기, 펜과 클립 같은 사무용품부터 처분하자. 쉽게 성과를 얻으면 정리하는 도중에 자신감도 붙는다.

- 동지애를 키워라. 당신은 이곳의 책임자가 아니며 하나의 팀으로 일한다는 사실을 명심하라. 정리하는 내내 배우자에게 의견을 구하라. 창고의 물건을 모두 버려야 한다고 선언하지 말고 이렇게 물어보면 어떨까? "창고를 좀 더 넓게 쓸 제일 좋은 방법이 뭐라고 생각해?" 배우자도 당신과 똑같이 상황을 통제한다는 기분이 들면 보다 열성적으로 참여할 것이다. 더

욱이, 공동의 목표가 있으면 동기와 의욕이 샘솟는다.

운이 좋으면 당신이 준 영양분 덕분에 작은 묘목이 자라났을 것이다. 이제 햇빛이 비출 때 반드시 물을 흠뻑 주어야 한다!

- 칭찬을 조금만 더 많이 해주자. 사람들은 자신이 잘해내고 있다는 이야기를 듣고 싶어 하고 긍정적인 반응을 이끌어냈던 행동을 반복하는 경향이 있다. 반면에, 당신이 비판적인 말을 하면 상대방은 그 자리에 딱 멈춰 서버리고 만다. 그러므로 배우자가 낡은 티셔츠 몇 장밖에 숨아내지 못했더라도 정리정돈에 재능을 타고났다고, 옷장에 숨 쉴 공간이 생기니 얼마나 보기 좋은지 모르겠다고 말해주어라. 우리는 어떤 일에 소질이 있다고 믿으면 더 많이 노력하고 싶어진다.
- 긍정적인 기운을 사방에 퍼뜨려라. 아무리 상황이 힘들더라도 언제나 밝은 태도를 유지하자. 결국 배우자가 아무것도 손에서 놓지 못하겠다고 말해도 얕보아서는 안 된다. 상대에게 공감해주며 당신이 어려움을 극복하는 데 도움이 되었던 방법을 몇 가지 알려주는 편이 좋다. 상황이 정말 힘들어지면 잠시 휴식을 취하라.

- 온실효과를 일으켜라. 달리 말하면, 묘목에 최선의 성장 환경을 제공하고 유해한 것들로부터 보호해주자. 만약 배우자가 쇼핑몰로 가려고 하면 그 대신 함께 공원을 산책하자고 제안하면 어떨까? 배우자가 카탈로그를 유심히 들여다보고 있거든 말을 걸어서 신경을 분산시켜라. 어떤 식으로 대처해야 할지 이해가 가는가? 물건을 구매하려는 순간을 두 사람만의 시간으로 바꾸고 더 이상 잡동사니가 집 안으로 들어오지 못하게 막아라.

무엇보다, 인내심을 발휘해야 한다는 사실을 기억하라. 잡동사니는 하룻밤 사이에 쌓이지도 않지만 그렇게 빨리 없어지지도 않는다(당신의 잡동사니도 그렇지 않았나?). 더욱이, 오래도록 지속된 습관을 바꾸고 새로운 사고방식을 받아들여 자기 것으로 소화하는 데에는 시간이 걸린다.

배우자에게 잡동사니를 빨리 정리하라고 윽박지르는 것은 식물에게 빨리 꽃을 피우라고 강요하는 것이나 마찬가지다. 만약 정리정돈에 관한 생각이 적절한 생장기를 거쳐 뿌리를 내리도록 기다려준다면, 소박함이라는 씨앗은 훌륭하고 새로운 생활방식으로 성장할 것이다.

30

세상을 바꾸는 변화의 시작

미니멀리스트가 되면 대단히 멋진 일이 벌어진다. 곧, 우리
의 노력이 잔잔한 파문을 일으켜 세상을 긍정적으로 변화시
킨다는 것이다. 우리가 어리석은 물건 구입을 포기하거나,
이미 가지고 있던 물건으로 해결하거나, 구입하지 않고 친
구에게 빌리기로 마음먹을 때마다 지구에 작은 선물을 주
는 셈이다. 대기는 좀 더 깨끗해지고, 물은 좀 더 맑아지며,
숲은 조금 더 풍성해지고 쓰레기 매립지는 조금 더 비워진
다. 우리는 돈, 시간, 혹은 집 안의 공간을 절약하기 위해 미
니멀리즘을 받아들였지만 우리의 행동은 훨씬 더 큰 이익을

만들어낸다.

'민슈머' 되기

광고주, 기업, 그리고 정치가는 우리를 소비자, 즉 컨슈머라고 정의하기를 좋아한다. 우리에게 가능한 많은 물건을 구매하라고 권장함으로써 사리사욕을 채우고 이윤을 불리며 선거에 재당선되는 데 성공한다. 그러면 우리에게는 무엇이 남을까? 필요하지도 않은 물건을 구매하기 위해 열심히 일한다. 몇 달 뒤면 쓸모없거나 유행에 뒤처질 물건을 구입하느라 초과근무를 한다. 결국 집구석의 쓸모없는 잡동사니로 전락할 물건의 카드 대금을 내기 위해 고군분투한다.

하지만 몇 가지 기분 좋은 소식도 있다. 미니멀리즘 생활 덕분에 우리는 자유로워진다! '일과 소비'의 순환에서 해방되어 대형 마트, 꼭 사야할 물건, 금융 수수료와 아무 관계가 없는 생활을 창조할 수 있다. 피땀 흘려 일하며 컨슈머로 살아가지 말고 '민슈머minusumer'가 되면 어떨까? 즉 우리에게 꼭 필요한 수준으로 소비를 최소화하고, 우리의 소비가 환경에 미치는 영향도 최소화하며, 우리의 소비가 다른 사람들의 삶에 미치는 영향도 최소화하라는 말이다.

민슈머가 된다고 해서 우리가 상점에 다시는 발을 들여놓지 못한다는 뜻은 아니다. 당신은 어떨지 모르겠지만 나는 필요한 물건을 찾으려고 사방을 뒤지거나 쓰레기통에 뛰어드는 건 마음이 불편하다. 그리고 무언가를 공짜를 얻고 싶은 생각은 분명코 없다. 기본적인 필수품을 얻을 정도로 편리하게 생활하고 음식과 의류, 피난처를 구하려고 며칠씩 고생할 필요가 없다는 사실에 감사한다. 그러나 기본적인 필수품이 마련되고 나면 소비는 잠시 보류해도 된다고 믿는다. 차라리 그 시간과 에너지를 성취감이 큰 다른 활동에 투자하면 된다. 예를 들어, 영적이거나 시민적이거나 철학적이거나 예술적이거나 문화적인 성향의 활동을 하라는 말이다.

그러면 민슈머가 되기 위해 무엇을 해야 할까? 사실, 할 일은 별로 없다. 그저 물건을 사지 않으면 그만이다. 텔레비전 광고를 무시하고, 충동구매를 유발하는 상품에 눈길조차 주지 않고, 도서관에서 책을 빌려 읽고, 새 옷을 사는 대신 수선을 하며, 최신 전자기기를 구입하고 싶은 충동을 누를 때마다 우리는 나름대로 작은 소비자 불복종 운동을 실천하는 셈이다. 단순히 물건을 구매하지 않는 행동만으로 좋은 세상을 만든다. 즉, 각종 노동 착취에 찬성하지 않고 빼앗긴 지구의 자원을 돌려달라고 요구한다. 이것은 지구를 치유하고, 그곳에 사는 사람들의 삶을 개선하는 가장 쉽고 가장 효과적인 방법 가운데 하나다.

사용 절감

"사용 절감, 재사용, 재활용Reduce, Reuse, Recycle"이라는 문구는 누구나 잘 알고 있다. 세 가지 정책 가운데 재활용은 환경 운동과 지역 공동체 프로그램에서 강조되어 가장 널리 알려진 것이다. 그에 비해 사용 절감은 세 가지 가운데 잘 언급되지 않는 정책이다. 애초에 우리가 물건을 적게 살수록 재활용해야 할 물건도 적어지기 때문이다! 사용 절감은 자원 집약적, 노동 집약적, 그리고 에너지 집약적인 과정 전체를 말끔히 비켜간다. 따라서 우리가 추구하는 민슈머 철학의 토대라 하겠다.

자원 사용을 절감하는 가장 좋은 방법은
정말로 필요한 물건만 구입하는 것이다.

우리가 구입하는 모든 제품은 생애 주기의 세 가지 중요한 단계인 생산, 유통, 폐기와 관련이 있다. 생산 단계에서 천연 자원과 에너지는 물건을 만드는 데 사용된다. 이따금, 해로운 화학약품들이 제조 공정에서 생긴 부산물의 형태로 대기와 물속에 흘러들어간다. 유통 단계에서 에너지(일반적으로 트럭과 선박, 비행기에 사용되는 석유의 형태)는 공장에서 점포로 물건을 수송하기 위해 사용되며, 지구의 반 바퀴에 상당한 거리를 이동할 때가 많다. 폐기 단계에서 물건은 쓰레기 매립지의 유수 분리기를 막아버리고 분해되면서 독소를 침출시켜 환경을 오염시킬 가능성이 크다.

하지만 자원 사용을 절감하면 골치 아픈 과정 전체를 없앨 수 있다. 우리가 물건을 하나 구입하지 않을 때마다 생산되고 유통되며 폐기되는 물건이 하나 줄어드는 셈이다. 그러니 애초에 물건을 소유하지 않는 편이 낫지 않을까?

자원 사용을 절감하는 가장 좋은 방법은 정말 필요한 물건만 구입하는 것이다. 아무 생각 없이 쇼핑하기보다는 구입하는 모든 물품에 대해 생각해보아야 한다. 옷, 가구, 전자제품, 장식품, 아니 심지어 음식도 예외는 아니다. 물건을 구입하기 전에 '이유'를 자문하는 습관을 길러야 한다. 예를 하나 들어보자. 이 물건을 구입하는 이유는 정말로 필요해서일까,

아니면 광고에서 보거나, 친구가 사용하는 것을 보거나, 혹은 진열장에서 예뻐 보였기 때문일까? 우리는 동작을 잠시 멈추고 그 물건이 없어도 똑같이 잘 지낼 수 있는지 고민해보아야 한다.

소비를 절감하기 위해 활용할 수 있는 방법은 무수히 많다. 다른 방식으로 요구를 충족시켜야 하는 도전을 즐기고, 상점으로 달려가는 대신 창의적인 해결책을 뚝딱 만들어내라. 이웃에게 공구를 빌리는 것처럼 쉬운 방법도 좋고, 당신이 가지고 있는 재료로 나만의 도구를 고안하는 것처럼 창의적인 것도 좋다. 이와 더불어, 한 가지 용도밖에 없는 것보다는 다목적 제품을 사용하는 편이 좋다. 식초와 물만 있어도 다양한 종류의 세제를 굳이 사용할 필요가 없고, 다목적 의류를 준비해두면 상황에 맞게 정장으로도 캐주얼로도 연출이 가능하다. 마지막으로, 단지 새 제품을 갖고 싶다는 이유만으로 멀쩡한 물건을 바꾸지는 마라. 낡은 자동차를 여전히 몰고 다닌다거나 오래된 모직 코트를 몇 년이고 깔끔하게 더 입는다는 것을 자랑스레 여겨라.

재사용

두 번째 정책인 '재사용'도 민슈머들이 심혈을 기울이는 핵심적인 부분이다. 어떤 물건은 오래 사용할수록 좋다. 특히, 하나가 있으면 굳이 새로 살 필요가 없는 물건은 더욱 그렇다. 자원이 물건을 생산하고 유통하는 데 이미 사용되었으므로 우리는 그 물건을 최대한 많이 사용할 책임이 있다.

재활용은 물건을 새로 만들기 위해 추가 에너지가 필요하지만 재사용은 추가 에너지가 전혀 필요하지 않다. 원래 형태를 유지한 채 다른 용도에 맞게 물건을 개조하기만 하면 된다. 나는 재사용 분야의 영웅으로 〈바람과 함께 사라지다 Gone with the Wind〉의 여주인공 스칼렛 오하라를 꼽고 싶다. 그녀가 낡은 커튼으로 근사한 드레스를 만들어냈듯, 우리도 요거트 컵으로 묘목 화분을, 낡은 티셔츠로 새 옷을 만들 수 있다. 그러니 유리 단지, 크리스마스카드, 음식 포장 용기 등을 재활용함에 던져 넣기 전에 혹시 그 물건을 다른 용도로 사용할 수는 없을까 생각해보기 바란다.

물론, 미니멀리스트인 우리는 결코 사용하지 않을 법한 물건들로 인해 서랍과 수납장이 어수선해지기를 원치 않는다. 그러므로 어떤 물건이 필요하지 않다면 필요한 사람에게 건

네주자. 재사용을 하라고 해서 반드시 당신이 재사용해야 한다는 뜻은 아니다. 그렇게 하기 위해 오래된 물건은 팔거나 기부하라. 당신은 버린 물건이지만 혹시 친구와 가족, 동료는 사용할 의향이 있는지 물어보라. 그렇게 하면, 아주 쓸 만한 물건을 좀 더 오래 사용하고 다른 누군가가 물건을 새로 사지 않아도 된다.

마찬가지 원리로, 다른 사람의 물건을 당신이 용도에 맞게 재사용하는 것도 고려해보라. 우선 당신이 사는 동네의 중고품 할인 매장을 확인해보고 인터넷 옥션과 안내 광고를 찾아보라. 중고 시장을 기본 공급처로 간주하고 소매로 구입하는 것은 마지막 수단으로만 활용하라. 이미 혹사당한 환경에 더 이상 부담을 주지 말고, 유용한 물건이 결국 쓰레기통 신세로 전락하는 것을 막아라.

재활용

민슈머로서 우리의 최종 목표는 지구에서 가볍게 살아가는 것이다. 주된 전략은 아주 기본적인 수준으로 소비를 절감하는 것이고 두 번째 전략은 가능한 많은 물건을 재사용하는 것이다. 그래도 더 이상 소용없는 물건들이 여전히 우리

수중에 남아 있을 때가 있으므로, 그런 물건들은 재활용할 수 있도록 전력을 다해야 한다.

다행히, 최근 들어 재활용은 무척 쉬워졌다. 대부분의 지역 공동체는 유리, 종이, 금속, 일부 플라스틱을 분리수거하는 재활용 프로그램을 운영한다. 다른 공동체들은 주민들이 재활용 가능한 재료를 두고 갈 수 있는 투기 센터를 설치한 상태다. 당신이 그런 재료를 구할 수 있다면 잘 이용해보기 바란다. 우리는 가정 내의 잡동사니뿐 아니라 환경 속의 잡동사니도 최소화하고 싶어 하니까.

요컨대, 재활용 품목을 늘 다루던 물질로 한정 지을 필요는 없다. 다른 물품들의 재활용 가능성에 대해서도 조사하라. 주위를 둘러보면 안경, 신발, 가구, 배터리, 프린터 카트리지, 의류, 카펫, 매트리스, 전구 등을 재활용하는 이러한 서비스를 얼마든지 발견할 수 있다. 어떤 물건이든 쓰레기통에 던져버리기 전에 잠시 시간을 투자해 재활용 조건을 조사해보라. 재활용 가능 품목이 얼마나 많은지 알면 아마 깜짝 놀랄 것이다.

심지어 당신의 뒷마당에서도 재활용을 할 수 있다. 잎사귀, 잔가지, 풀 조각, 솔잎, 그 밖의 마당 쓰레기를 잘 묶어서 환경미화원에게 주는 대신, 퇴비로 만들어라. 이 쓰레기들이 모두 부패하면 당신은 화분의 토양을 비옥하게 만들어줄 근사한 유기 비료를 얻게 된다. 퇴비로 만들 수 있는 쓰레기 목록을 모두 알아내고 재료들을 어떻게 쌓아올리고 뒤섞는지 배우고 싶다면 원예 책이나 원예 전문 사이트를 참고하면 좋다. 퇴비를 주면 두 가지 면에서 환경에 도움이 된다. 첫째로 매립지에 보낼 쓰레기가 줄어들고, 둘째로 대량 생산되어 포장된 비료를 살 필요가 없어진다.

민슈머로서 우리의 최종 목표는
지구에서 가볍게 살아가는 것이다.

재활용은 제품의 생애 주기가 끝나야 가능하겠지만 아예 처음부터 마음에 담아두어라. 쇼핑할 때에는 재활용이 불가능한 제품보다는 가급적 재활용이 가능한 것을 선택하라. 대개의 재활용 제품에는 일반적으로 사용하는 재활용 마크가 붙어 있다. 종류가 다른 플라스틱들은 마크 안의 숫자로 구별한다. 당신이 속한 공동체에서 특정한 유형의 물질을 재활용할 수 있는지 확인하라. 혹시 재활용이 불가능하다면, 보다 친환경적인 대체재를 고려해보라. 이와 마찬가지로 페인트, 세제, 살충제 같은 위험한 유독성 물질 대신, 가정에서 필요한 용도로 사용할 만한 무독성 제품을 찾아라.

수명을 고려하라

구매 결정을 내릴 때에는 물건의 수명을 반드시 고려해야 한다. 단지 몇 달 동안만 간직할 물건이라면 어째서 생산하고 유통하며 폐기하는 데 그토록 귀중한 자원을 전부 낭비할까? 이런 이유 때문에 잘 만들어진, 내구성이 뛰어난 물건들을 선호해야 한다. 아주 쉬운 이야기처럼 들리지만, 품질이 아닌 가격이 구매 품목에 영향을 미친 적은 얼마나 많을까? 쇼핑을 할 때에는 가격을 비교하기는 쉽지만 품질을 평가하기란 여간 어려운 게 아니다. 비록 가격이 항상 품질을 판단하는 척도는 아니지만 값이 싸면 보통 수명이 길지 않고, 물건을 새 것으로 대체한다고 파산하지는 않겠지만 그로 인한 환경적 손실에 대해서는 생각해보아야 한다.

따라서 유행하는 물건을 구입하는 것은 자제하기 바란다. 이런 물건은 닳기도 전에 싫증이 나거나 유행이 지나서 소지할 수가 없게 되기 때문이다. 설사 어딘가에 기증한다고 해도 그 물건을 생산하고 유통하느라 자원이 이미 낭비되었으므로 애초에 구입하지 않는 편이 훨씬 낫다. 그보다는 정말로 마음에 들거나 유행을 타지 않을 클래식한 물건을 선택하라.

마지막으로, 가능하다면 일회용품은 사용하지 말자. 분명, 몇 분 동안 사용할 물건에 천연 자원을 소모시키고 싶지는 않을 것이다. 안타깝게도 우리 사회에서 무수히 많은 일회용품이 매일 사용되고, 이는 엄청난 양의 쓰레기를 만들어낸다. 그러니 재사용이 가능한 물품을 선호한다면 당신의 탄소 발자국을 크게 줄일 수 있다. 언제나처럼, 물건의 수명을 지침으로 삼으면 된다. 만약 수명이 말도 안 되게 짧거든 더 오래 쓸 수 있는 대체품을 찾아라.

재료를 고려하라

구매할 가능성이 있는 상품을 평가할 때에는 어떤 원료로 만들어졌는지 깊이 생각해보라. 지속 가능하거나 재생 가능한 자원으로 만들어진 제품을 선택한다면 당신의 소비가 미치는 영향을 최소화할 수 있다.

일반적으로, 인공적인 제품보다는 천연 자원으로 만든 제품을 선택하는 편이 좋다. 플라스틱 같은 합성 물질은 대체로 석유를 원료로 만들어지는데, 석유는 재생 불가능한 자원이다. 제조 과정이 에너지 집약적일 뿐 아니라 해로운 독소를 분출하고 노동자들을 위험한 증기와 화학약품에 노출시키기도 한다. 더욱이 일부 플라스틱은 음식과 물로 침출되는 첨가제를 포함하고 있어서 건강상의 위험을 초래한다. 폐기를 하면 문제가 추가로 발생한다. 플라스틱은 아주 천천히 분해되므로 몇백 년, 아니 심지어 몇천 년 동안 매립지에 남아 있을 것이다. 뿐만 아니라 플라스틱을 태우면 유독한 공해를 야기한다.

하지만 천연 재료로 만들어진 물건을 샀다고 해서 우리가 위험에서 벗어났다는 뜻은 아니다. 물건의 원산지와 수확에 관련해서 언제나 경계를 늦추지 말아야 한다. 종이와 가구, 바닥재, 목재를 비롯한 기타 제품을 생산하기 위해 엄청난 너비의 땅에서 산림이 벌채되었다. 불법 벌목과 지속 불가능한 수확이 생태계를 파괴했고 토착 부족을 추방했으며 기후를 변화시켰다. 이런 비극에 일조하고 싶지 않다면, 지속가능한 자원을 사용했다고 인증받은 재료를 찾고 멸종 위기에 처한 종보다는 신속하게 재생되는 유형을 선호하는 편이 좋다.

그렇지 않으면, 재활용품으로 만든 물건을 구매해 환경에 미치는 영향을 절감시켜라. 재활용한 제품을 구입하면 천연 자원이 보존되고, 에너지가 절약되며, 원래의 제품이 매립지로 흘러들어가지 않는다. 진정한 민슈머 정신을 보여주고 당신의 핸드백 혹은 탁자가 재생 소재로 만들어졌다는 사실을 자랑스러워하라.

마지막으로, 포장에 대해 생각해보자. 물론 포장은 전혀 하지 않는 게 가장 좋다. 특히, 물건의 수명이 짧다는 점을 고려하면 특히 그렇다. 하지만 우리가 구입하는 대다수의 물건은 어떤 식으로든 포장재에 감싸여 있다. 포장재를 가장 적게 사용했거나 재활용하기 쉬운 포장재를 사용한 물건들을 선호하라. 그리고 에코백을 사용하는 습관을 길러라. 이 한 가지 행동만으로도 상당한 양의 에너지가 절약되고 쓰레기가 줄어든다.

사람들을 고려하라

우리는 제품의 재료를 평가해야 하고, 누가 어떤 환경에서 만들었는지 고려해야 한다. 백화점 선반에 얹힌 장식품이나 상점 옷걸이에 걸린 드레스는 느닷없이 형체가 생겨난 것은 아니다. 누군가가 손으로 만들었거나 옷을 짓기 위해 기계를 작동시켰다. 우리는 물건을 구입하기 전에 노동자가 정당한 대우를 받았는지, 안전한 노동 환경에서 일했는지, 먹고살 만한 임금을 받았는지 알고 싶다.

내가 꿈꾸는 미래의 세상에서는 제품의 바코드를 전화기로 스캔하면 관련 정보를 모두 볼 수 있다. 그 물건을 만드는 데 어떤 천연 자원을 사용했는지, 재활용이 가능한지, 매립지에서 부패하는 데 얼마나 걸리는지, 어디에서 만들었는지, 임금과 노동 조건에 관련해 제조회사가 어떤 전력을 갖고 있는지와 같은 것 말이다.

당신이 자주 이용하는
상점과 브랜드의 사업 관행이
당신의 가치관에 부합하는지 확인하라.

수십 년 전에는 이런 정보를 얻기 쉬웠다. 공장이 우리가 사는 동네와 도시에 위치했고 공장의 굴뚝이 오염물질을 뿜어내는지, 화학약품이 호수와 강에 버려지는지 우리 눈으로 직접 확인할 수 있었다. 작업 현장을 방문하거나 그곳에서 일하는 이웃이나 사촌, 친구에게 정당한 대우와 충분한 임금을 받는지 물어볼 수 있었다. 노동조합과 법률, 규정이 우리의 물건을 만드는 사람들에게 적정한 임금과 안전한 환경을 책임지고 제공한다고 신뢰할 수 있었다. 세계화 현상이 등장하면서 모든 상황이 달라졌다. 지금 우리가 구입하는 대다수의 물건은 아득히 먼 곳에서 만들어지고, 기업은 자신들의 공급망이나 생산 방식을 투명하게 공개하는 법이 없다. 일부 기업은 외국 하청업체를 고용해 물건을 제조하면서 어떤 환경에서 제품이 생산되는지도 모른다.

그러면 우리는 그런 정보를 어떻게 알 수 있을까? 분명, 노동자에게 얼마나 적은 임금을 지불하는지 보도 자료를 통해 알려주거나 공장의 작업 환경이 얼마나 열악한지 광고할 회사는 한 군데도 없을 것이다. 그러므로 어느 제조회사의 노동 관행이 정당하고 어느 회사가 부당한지 우리 스스로 책임지고 알아내야 한다. 인터넷을 검색해 감시 단체와 인권 단체에서 정보를 알아내자. 당신이 자주 이용하는 상점과 브랜드를 조사해서 그들의 사업 관행이 당신의 가치관에 부합하는지 확인하라. 부합하지 않거든 다른 곳을 이용해야 한다. 또한, 물건을 사기 전에는 원산지 라벨을 살펴보아야 한다. 만약 제품이 환경 파괴나 노동 착취로 유명한 지역에서 만들어졌다면 구입하지 말고 넘어가기 바란다.

거리를 고려하라

지금까지 물건의 생산과 폐기, 그리고 그와 관련해 우리의 탄소 발자국을 어떻게 최소화할 것인지에 관해 여러 가지 이야기를 나누었다. 하지만 아직도 못 다한 이야기가 있다. 유통에 대해서도 생각해야 하고, 상품이 제조된 장소에서 소비자가 구입하는 장소로 운송되면서 어떻게 환경에 피해를 입히는지도 고민해야 한다.

아주 옛날에는 우리가 사용하는 물건이 대부분 집에서 가까운 곳에서 생산되었다. 채소는 직접 키운 농부에게서, 옷은 바느질을 한 재단사에게서, 연장은 날을 벼린 대장장이에게서 구입했다. 대개 그런 물건이 우리 손에 들어오기까지 이동하는 거리는 160킬로미터 남짓했다(보통은 그보다 훨씬 짧았다). 오늘날의 상점은 칠레에서 키운 농산물, 인도에서 만든 의류, 중국에서 만든 철물을 취급한다. 우리 가정에 있는 대다수의 물건은 지구 반대편에서 건너왔다. 문제는, 물건을 운송하기 위해 (연료의 형태로) 추가 에너지가 소비되어야 한다는 점이다.

석유는 재생 불가능한 에너지라서 시시각각 고갈되어가고
있다. 그런데도 석유를 보존하기는커녕 비행기와 배, 트럭에
석유를 가득 넣고 세상의 한쪽 구석에서 반대쪽 구석으로 소
비재를 나른다. 안타깝게도, 우리의 환경이 더욱 오염되고
미래에 자원이 더 줄어든다는 뜻이다.

우리 같은 민슈머들은 거기에 동의하지 않는다. 우리는 가
까운 지역에서 생산된 물건을 구입하고, 공기를 더 깨끗하게
관리하며, 모든 에너지를 절약하는 것을 선호한다. 대형매장
의 가구보다는 지역 장인이 만든 의자를, 글로벌 유통기업의
물건보다는 지역 예술 박람회에서 구입한 장식품을, 우리나
라의 제조업체가 생산한 우리 옷을 구입하고자 한다. 분명,
이런 시도가 대형마트를 잠시 방문하는 것만큼 쉽지는 않겠
지만 최소한 우리가 할 수 있는 것은 그렇게라도 노력하는
것이다. 국산 제품을 수입 제품보다 더 많이 찾을수록 국내
제조업이 되살아날 가능성이 커진다.

단거리 쇼핑을 할 준비가 되었는가? 그렇다면, 식품부터
시작하자. 대부분의 사람들은 지역 직거래 장터에 가서 신선
한 과일과 채소, 꿀, 고기, 유제품 등을 구입할 수 있다. 따

라서 식단은 제철 음식에 맞게 구성해야 한다. 겨울에 머나먼 땅에서 재배된 토마토를 구입하지 말고, 사시사철 가까운 곳에서 길러진 과일을 맛보라.

지역 상품을 구매하면 환경을 보호할 뿐 아니라 지역 공동체도 강화시킨다. 이웃은 우리에게 서비스를 제공하고 기간 시설을 구축하며 필요한 프로그램에 재정을 지원한다. 택지 개발업자들의 손에서 우리의 농지를 보호하면, 결과적으로 일반 개발이 금지된 공공용지와 농경문화의 전통을 오롯이 지켜낼 수 있다. 무엇보다, 우리의 물건을 공급하는 사람들과 오래도록 지속되는 *끈끈한* 관계를 맺을 수 있다. 우리의 소비가 작은 보탬이 되어 농부가 생계를 유지하거나 지역 상인의 자녀가 대학에 들어간다면 얼마나 멋진 일일까?

나비가 되어라

소비가 지나치게 많아지면 우리는 마치 고삐 풀린 망아지와 같아서 산림벌채로 황폐해진 숲길, 더러운 수로, 쓰레기가 넘쳐나는 매립지만 남겨둔다. 더 많은 상품과 규제 없는 성장을 추구하면서 우리는 지구의 연약한 생태계를 파괴하고는 혼란을 바로잡을 임무를 다음 세대에게 떠넘긴다.

민슈머로서 우리는 이와 정반대의 것을 원한다. 망아지가 아니라 나비가 되려고 안간힘을 쓴다. 최대한 가볍고 우아하며 아름답게 살아가려고 노력한다는 말이다. 우리는 과도하게 많은 물건에 짓눌리지 않고 아무 부담 없이 인생을 훨훨 날아다니고 싶다. 그리고 지구와 자원을 아무 손상 없이 그대로 남겨두고 싶다.

우리가 실천하는 아름다운 행동은
다른 사람들에게 영감을 준다.

지구의 인구는 계속 늘어나는 데 비해 자원은 한정되어 있다. 산업화되는 나라가 많아질수록 시스템에 가해지는 압박도 점점 커진다. 우리는 망아지처럼 행동하면서 정당한 자신의 몫보다 더 많은 것을 챙긴다. 설상가상으로, 성장지상주의 경제에서는 그런 행동이 표준이 된다. 수백, 수천, 아니 수백만 마리의 망아지들이 전 세계를 누비며 엄청난 자원을 앗아간다고 상상해보라.

반면에, 나비처럼 행동할 때 우리는 최소한의 필수품으로 만족한다. 자원이 한정적이라는 사실을 인식하고 가능한 적게 소비한다. 우리는 자신이 지구의 관리인이며 다음 세대를 위해 지구를 가꾸어나갈 책임이 있다는 것을 잘 알고 있다. 우리는 생태계 내에서 서로 조화롭게 공존한다.

그뿐만 아니라, 우리가 실천하는 아름다운 행동은 다른 사람들에게 영감을 준다. 매일매일, 지금 하는 일을 계속하고 우리 이웃과 자녀에게 훌륭한 모범을 보이면 그뿐이다. 미니멀리스트의 삶을 받아들이면, 소비과잉과 부당 이익 취득이라는 지금의 패러다임을 대화와 지속가능한 성장이라는 새로운 패러다임으로 변화시키는 전례 없는 기회를 얻을 수 있다. 다른 사람들에게 여기 동참하라고 권유하는 것만으로도 변화의 선구자가 될 수 있다. 이는 세상에서 가장 쉬운 행동이지만 우리의 삶과 사회, 지구를 변화시키는 힘이 있다.

결론

사람들은 저마다 다른 이유로 미니멀리스트의 생활방식을 받아들인다. 어쩌면 당신이 이 책을 고른 이유는 서랍이 꽉 찼고 방이 어질러져 있으며 옷장이 미어질 지경이기 때문인 듯하다. 어쩌면 당신은 쇼핑몰에서 쇼핑을 하고 끊임없이 새로운 물건을 사들여도 행복해지지 않는다는 걸 깨달았는지도 모른다. 어쩌면 당신의 소비가 환경에 미치는 영향에 대해 관심을 보이기도 하고 자녀와 손주들이 누려야 할 깨끗한 공기와 물을 마시지 못할까 걱정했을 법도 하다.

이 책에서 소개한 조언들에 영감을 얻어 당신이 집을 정리하고 생활을 단순화하며 지구에서 조금 더 가볍게 살아가기를 희망한다. 사실, 당신은 거의 항상 정반대의 이야기를 듣고 지냈을 것이다. 발길을 돌리는 곳마다 우리는 소비하라고 권유받는다. 바로 그런 이유에서 사회는 우리가 물건을 더 많이 살 때 이익을 얻는 사람들이 대체로 지배하고 있다.

미니멀리스트의 생활방식을 실천하다 보면 이따금 물살을 거슬러 수영하는 기분이 든다. 당신은 현재의 상태에서 조금이라도 부족하면 두려움을 느끼는 사람들을 만날 것이다. 그들은 디자이너 의상, 최신 전자기기, 능력이 허용하는 한 가장 큰 집을 구입하지 않으면 성공한 게 아니라고 넌지시 말한다. 그 말을 믿지 마라. 삶의 질은 소비재와 아무 관계가 없으며, '물건'은 성공의 척도가 아니라는 사실은 누구나 알고 있다.

그러니 걱정하지 마라. 당신 혼자서 하는 게 아니니까. 대중 매체의 이면을 바라보면 당신과 비슷한 사람들이 수없이 많다는 걸 깨닫게 된다. 동료나 이웃에게 당신이 물건을 줄이는 중이라고 곧바로 이야기하라. 그러면 소비자 중심주의에 대해 환멸이 서서히 고개를 쳐들고 더 단순하고 의미 있는 삶에 대을 느끼며 관심을 드러내는 사람이 있을 것이다.

특히 인터넷은 정보와 영감의 보고다. 최근 몇 년 동안 미니멀리즘 생활과 자발적으로 선택한 소박한 삶을 다룬 블로그와 웹사이트가 기하급수적으로 늘어났다. 그러니 당신도 미니멀리스트 동료들과 소통하고, 정리 비법을 교환하라. 이 길을 계속 걸어갈 영감을 얻고 동기를 찾아내는 훌륭한 방법일 테니까.

일단 현상을 벗어나 밖으로 한 걸음 내딛었으니 기분 좋은 고요함과 평온함을 느낄 것이다. 광고를 무시하고 소비를 최소화하면 당신은 물건을 갈구할 이유가 없고 물건을 구입해야 한다는 압박감도 없으며 물건에 돈을 지불해야 하는 스트레스도 없다.

미니멀리스트의 생활에는 자유가 동반된다. 부채와 잡동사니, 무의미한 경쟁에서 자유로워진다. 당신의 삶에서 외적인 것을 하나씩 지워나갈 때마다 어깨가 조금씩 가벼워지는 기분이 든다. 더욱이, 높은 사회적 신분의 상징을 추구하거나 남에게 뒤처지지 않으려 애쓰지 않으면 더욱 만족스러운 활동을 할 시간과 에너지가 생긴다. 가령, 아이들과 놀아주거나 지역 공동체 활동에 참여하거나 인생의 의미를 곱씹어볼 수 있다.

자신을 브랜드와 동일시하고 물질을 통해 자기를 표현한다면 우리는 자신이 누구인지 잊어버리고 만다. 소비재를 이용해 자신의 특정한 이미지를 내보이기도 한다. 본질적으로, 돈으로 외적 인격을 구입해 세상 사람들에게 보여주는 셈이다.

하지만 미니멀리스트가 되면 우리는 과잉과 무절제를 모두 벗어버리고 진정한 자기를 발견한다. 그리고 우리가 누구인지, 무엇을 중요하게 생각하는지, 그리고 우리를 정말로 행복하게 만드는 게 무엇인지 시간을 두고 깊이 생각해본다. 보다 중요한 것은 우리가 구입하는 물건이 아니라 행동과 사고방식, 사랑하는 사람들을 기준으로 자신을 재정의한다는 점이다.

불가에는 정신적 지도를 받기 위해 어느 선사를 방문한 남자에 관한 오래된 이야기가 있다. 그러나 이 손님은 선사의 말을 듣기보다는 주로 자신의 생각을 이야기했다. 잠시 뒤, 선사가 차를 내와서 손님에게 따라주었다. 선사는 차가 잔을 다 채우고 찻상 위로 흘러넘치도록 계속 따랐다. 깜짝 놀란 손님은 잔이 다 찼다고 외치고는, 더 이상 공간이 없는데 어째서 계속 차를 따랐는지 물어보았다. 선사는 이렇게 설명했다. 찻잔과 마찬가지로 손님은 이미 자기만의 생각과 의견으로 가득 차 있다고, 그리고 잔이 비기 전까지는 어떤 것도 배울 수 없다고.

우리의 삶이 지나치게 가득 차 있을 때에도 똑같은 상황이 벌어진다. 새로운 경험을 받아들일 공간이 없으므로 자신을 발전시키고 관계를 깊어지게 할 기회를 놓치고 만다. 미니멀리스트가 되면 이런 문제들을 고칠 수 있다. 우리는 집에서, 일정에서, 우리 마음에서 과도한 것들을 솎아내어 찻잔을 비워야 한다. 그러면 삶과 사랑, 희망, 꿈, 엄청난 즐거움을 누릴 무한한 능력이 생겨난다.

몇 년 동안 이메일을 보내고 블로그에 댓글을 남기며 나에게 영감을 준 훌륭한 독자들에게 감사드린다.

에이전트로서 뛰어난 역량과 열정을 유감없이 발휘한 스톤송Stonesong의 마리아 리바스, 내 원고를 간결하게 정리해주고 즐겁게 일하도록 배려해준 편집자 로라 리 매팅리와 사라 골스키에게도 고마운 마음을 전하고 싶다. 크로니클Chronicle의 제니퍼 톨로 피어스, 스테파니 윙, 욜란다 카자레스와 나머지 팀원들도 고맙다. 이 책에 정성을 쏟아 훌륭하게 작업해주었다. 그리고 이 책을 전 세계에 선보일 수 있게 도와준 해외 저작권 담당 에이전트 휘트니 리에게도 감사한다. 내가 무엇이든 해낼 수 있다고 믿게 만들어주신 부모님께도 감사드린다.

무엇보다, 남편과 딸에게 고맙다고 말하고 싶다. 조건 없는 사랑과 인내심을 보여주었고 책을 준비하는 기나긴 여정 동안 끝까지 지지해주었다. 두 사람은 진정 나의 보물이다.

KI신서 6353
단순함의 즐거움

1판 1쇄 발행 2017년 1월 10일
1판 2쇄 발행 2017년 2월 1일

지은이 프랜신 제이 **옮긴이** 신예경
펴낸이 김영곤 **펴낸곳** (주)북이십일 21세기북스
해외사업본부 간자와 다카히로 황인화 이태화
해외마케팅팀 류승은 염지예 **디자인** 박선향
해외기획팀 박진희 임세은 채윤지
영업본부장 신우섭
출판영업팀장 이경희 **출판영업팀** 이은혜 권오권
프로모션팀장 김한성 **프로모션팀** 최성환 김선영 정지은
제작팀장 이영민 **홍보팀장** 이혜연

출판등록 2000년 5월 6일 제406-2003-061호
주소 (10881) 경기도 파주시 회동길 201(문발동)
대표전화 031-955-2100 **팩스** 031-955-2151 **이메일** book21@book21.co.kr

ISBN 978-89-509-6300-2 03190
책값은 뒤표지에 있습니다.

(주)북이십일 경계를 허무는 콘텐츠 리더

21세기북스 채널에서 도서 정보와 다양한 영상자료, 이벤트를 만나세요!
가수 요조, 김관 기자가 진행하는 팟캐스트 '[북팟21] 이게 뭐라고'
페이스북 facebook.com/21cbooks   블로그 b.book21.com
인스타그램 instagram.com/21cbooks   홈페이지 www.book21.com